RDEN
Labyrinth
Drachenrücken
ÜDEN
STRASSEN
TÜRME
7 SIEGE

Weitere Titel des Autors:

Die Wilden Fußballkerle. Band 1–14
Die Wilden Fußballkerle. Bücher zur TV-Serie. 3 Bände
Die Wilden Fußballkerle. Die wildesten Sprüche!
Trainingsregeln, Tipps & Tricks
Am Tag, als ich Weltmeister wurde

Joachim Masannek

V8 – Du musst dich entscheiden!

Originalausgabe

Lektorat/Redaktion: Barbara van den Speulhof, Frankfurt am Main
Umschlaggestaltung: Astrid und Marc Reimann, Artattack-Design, München
Layout und Satz: Christoph Pinner, Siebel Druck & Grafik, Lindlar
Gesetzt aus der Meta
Druck und Einband: Himmer AG, Augsburg

MIX
Papier aus verantwortungsvollen Quellen
FSC www.fsc.org FSC® C095359

Printed in Germany
ISBN 978-3-8339-0302-1

5 4 3 2 1

Sie finden uns im Internet unter www.baumhaus-verlag.de
Bitte beachten Sie auch www.luebbe.de

und unsere Fan-Page www.facebook.com/team.v8

Rat Pack
FILMPRODUKTION

Joachim Masannek

V8 – Du musst dich entscheiden!

Mit Illustrationen von
Astrid und Marc Reimann

BAUMHAUS

Inhaltsverzeichnis

Spring durch das Feuer!
Tanze in ihm!
Und reite den Blitz
hinauf zu den Sternen!

01 Das Tor zur Hölle

Kiki sirrte der Kopf. Als hätte jemand eine Hochspannungsleitung durch ihn hindurchgezogen, wirbelten die Bilder und Gedanken vor ihren Augen vorbei, als würde sie träumen:

Der Schwur in der Höhle des Löwen und später im Baggersee. Mit ihm hatten sie alle – sie, Kiki Lilou, ihr Freund David, seine kleine, durchgeknallte Schwester Luca und Robin, der Schnösel aus dem Villenviertel im Norden – den Grundstein für ihre Freundschaft gelegt. Sie waren V8 geworden, das beste Rennteam, das es je geben sollte. Sie hatten Autos aus Schrott gebaut. 80 PS starke, mit Doppelschwungradturbos bestückte Boliden, die man nicht kaufen konnte. Sie hatten ihr erstes Rennen gegen die Barakudas gewonnen, die niemals zuvor verloren hatten. Und sie wurden ein Teil der Burg. Nein, ein Teil des Kampfs um die Burg. Sie gehörten zum Kreis der Erwählten. Der Rennteams, die vom Pan, dem Gründer der Burg, dazu bestimmt worden waren, um einen Platz in der Burg zu fahren: dem Hogwarts für Rennfahrer. Der geheimen Rennfahrerschule für Kinder. Aus der alle Weltmeister kamen. Und von der niemand, der sie jemals besucht hatte, erzählen durfte, dass es sie gab.
Denn die Burg hatte Feinde. Gefährliche Feinde. Kommissar Habicht war zerfressen von Neid. Er, der als Kind nicht vom Pan erwählt worden war, gönnte die Burg deshalb auch keinem anderen. Er wollte sie

mit allen Mittel zerstören. Und wie ein Teufel den anderen findet, fand er den Verbündeten, den er brauchte. Der ihm dazu die Macht geben konnte. Den Vater von Robin. Den reichsten und mächtigsten Mann der Stadt, der es nicht zulassen wollte, dass sein Sohn ihn verließ.
Ja, denn obwohl Robins Vater bereit war, seinem Sohn alles zu kaufen, was dieser nur wollte, hatte der ihn verlassen. Robin war in den

Süden gezogen. In die verbotene Zone. Dorthin, wo in den Augen von Robins Vater nur Verlierer lebten. Robin hatte das Kartfahren an den Nagel gehängt, obwohl er der Beste war, und sich für die geheimen Kinderrennen entschieden. Rennen, die illegal und verboten waren. Das konnte nicht gut gehen. Das war ohne Zukunft. Das durfte Rasmus V. Acht, Robins Vater, nicht erlauben. Und deshalb wurde er Bürgermeister. Er gründete eine Spezialeinheit, eine Spezialabteilung der Polizei, die nur einen Auftrag hatte: jeden zu jagen, der von der Burg wusste. Und er ernannte Habicht zu ihrem Chef.

Deshalb hatten sich alle versteckt: Die Barakudas waren untergetaucht. Und zwar in der Scheiße. Sie hatten sich in der Kanalisation verschanzt. Der Pan hatte sich auf einem Friedhof begraben, dem Friedhof der Burg – wo immer der lag –, und er hatte sie, die V8, aus seinem Leben verbannt. Ans Ende der Welt. Ganz hoch in den Norden. Weit weg von der Burg. Auf den Rücken des Drachens, und der lag noch hinter dem Grauen Wald. Am Rand der Steppe zum Nirgendwo. Ja, und was von allem am schlimmsten war: Der Pan hatte alle Autorennen verboten.

Doch das war jetzt schon Monate her. Der Rücken des Drachens war ihr Zuhause geworden. Kiki Lilou, David, Robin und Luca liebten das Lager zwischen den Felsen. Es war kein Versteck, sondern ein fantastischer Traum: Ein Traum, der, wenn man aufwacht, nicht mehr verschwindet. Robin und David hatten täglich trainiert. Sie waren mit verbundenen Augen den Berg hinuntergerast. In ihren Gokarts durch den Parcours aus Strohballen, Stangen, Tonnen und Steinen.

Kiki hatte die Autos gebaut. Die neuen Boliden. Mit achtfach geboosterten Elektromotoren. Lautlose Biester. Und Luca hatte sie schwarz lackiert, damit sie wie Tarnkappenbomber unsichtbar wurden. Und gestern war es dann endlich passiert. David und Robin hatten sie zum Leben erweckt. Sie waren aus der Werkstatt unter dem Hügel, von der noch nicht einmal ihre Eltern wussten, hinaus in die endlose Steppe gejagt. Das war wie zum ersten Mal barfuß laufen. Im Frühling, wenn man den Sommer schon riecht. Kiki und Luca hatten vor Freude getanzt. Sie hatten vom Spiel mit dem Feuer gesungen. David und Robin flogen über die Steppe und zogen Kometenschweife hinter sich her. So schnell wie jetzt waren sie noch nie gefahren. Da tauchte der Nitro urplötzlich auf. Und der fuhr noch schneller. Im grimmigen Hot Rod zog er an ihnen vorbei, als würden sie stehen oder rückwärts fahren. Und als David und Robin ihn zu jagen versuchten, ihn und den andern, obwohl Kiki sie warnte ... Als sie sich trennten, weil die Nitros sich trennten, obwohl Kiki sie dafür mehrmals verfluchte, wurde Robin gefangen und entführt.

Zurück blieb nur eine Nachricht der Nitro-Freaks. Eine rotweiß gestreifte, ballgroße Bombe, und als Andalee, Kikis Mutter, sie zündete, spie sie einen Springteufel aus. Mit einem Zettel als Botschaft: „Wenn ihr Robin zurückhaben wollt, müsst ihr uns in einem Rennen besiegen.“ Doch Rennen waren verboten. Strengstens verboten. Deshalb hatte Kiki beschlossen, ihren Freund zu befreien.

Ja, und deshalb saß sie jetzt hier, auf Robins Boliden, zwischen den Steilwänden vor dem alten Eisenbahntunnel. Hier hatte David seinen

Nitro verloren. Der Freak, den er fangen wollte, war spurlos verschwunden. Obwohl eine Mauer den Eingang des Tunnels seit Jahrzehnten verschloss.

„Ich hab's dir gesagt. Er war urplötzlich weg“, brummte David verlegen, als er mit Luca auf dem Heck seines Rennwagens hinter Kiki hielt. Es war seine Idee gewesen, die Nitros zu jagen, und als die sich trennten, sich auch von Robin zu trennen.

Kikis Augen flackerten auf.

„Das glaube ich nicht!“, widersprach sie zornig und riss sich das Hochspannungskabel aus dem Kopf. Das Kabel mit den tausend Fragen, die sie nicht beantworten konnte:

Woher kamen die Nitros? Was hatten sie vor? Warum waren sie jetzt rosa anstatt wie früher gelb und petrol? Auf der Brücke am Fluss, als sie, die V8, ihre Münzen bekamen, und in der Höhle des Löwen hatte Kiki Lilou die Nitros gesehen. Petrol und Gelb waren ihre Farben gewesen. Doch jetzt waren sie rosa und ihre Clownsmasken, die sie unter den Helmen als Visiere trugen, waren noch gruseliger als zuvor.

„Nein, sie sind nicht verschwunden.“ Kiki stand auf. „Denn wenn sie das wären, müssten sie so etwas können wie beamen. Doch das ist noch nicht erfunden worden. Das gibt's nur bei Star Trek in einem Science-Fiction-Film. Und weil das so ist, haben sie sich entweder versteckt oder ...“

„... sie sind durch einen Tunnel gekrochen“, dachte Luca Kikis Gedanken zu Ende und grauste sich vor der Vorstellung. Sie hasste enge, dunkle Räume.

„Ja. Es muss einen Tunnel geben“, nickte Kiki Lilou und trat ganz nah

an die Mauer heran, die den Eisenbahntunnel verschloss. „Denn es gibt keine Löcher. Ich habe alles abgesucht."
Sie strich über die Fugen zwischen den Ziegelsteinen und fand einen, über dem der Mörtel bei der ersten Berührung sofort zu Staub zerfiel. Sie befühlte den Stein und entdeckte die Zeichen, die jemand dort hineingraviert hatte. Sie holte tief Luft. Sie nahm ihr Herz in die Hand. Dann drückte sie den Stein in die Mauer hinein. Es war spielend leicht. Doch dem, was so leicht war, folgte ein Grollen. Es kam tief aus dem Berg. Der Mörtel riss auf. Direkt neben Kiki. Die trat erschrocken drei

Schritte zurück und sah wie der senkrechte Spalt nach oben wuchs. In zehn Meter Höhe. So hoch war die Mauer. Und die riss jetzt auf. Unter Getöse und Gedonner schob sie sich nach rechts und links in den Berg und gab den Blick frei in seinen dunklen Schlund. Das schwarze Loch eines Mauls.

David hob eine Braue. Luca gefror der Schweiß auf der Stirn, und Kiki Lilou ignorierte das Beben und Zittern in ihren Beinen. Sie zog die Taschenlampe aus ihrem Gürtel und schickte ihr Licht in das finstere Loch.

„Was hab ich gesagt? Da ist das Schlupfloch, durch das sie geflutscht sind.“ Sie versuchte ein Lachen und ging in den Berg. Vor ihren zögernd folgenden Freunden. Denn obwohl David ein Kerl war, der sich nicht so leicht fürchtete – auch nicht, wenn es stockfinster war –, hatte er doch einen Heidenrespekt vor dem, der solche Geheimtore bauen konnte. Der solche rüden Boliden fuhr. Hot Rods, die schneller waren als die Wagen von Kiki. Wer so etwas konnte und dazu noch Robin entführte, musste mehr als gefährlich sein.

02 Teufelclowns

Robin konnte kaum atmen. Blätter verklebten seinen Mund. Blätter, die das Fangtuch bedeckt hatten, damit er es nicht sehen konnte, als er in die Falle lief. Und in dieses Fangtuch hatten sie ihn dann später gewickelt und auf die Überrollbügel des Hot Rods geschnallt. Der raste jetzt mit ihm durch den Wald, und Robin spürte jedes Schlagloch. Er stöhnte und schrie und verfluchte sich selbst.
Er war sich viel zu sicher und überheblich gewesen. Ja, im Gegensatz zu David hatte er seinen Nitro gestellt. Der hatte sich auf der Flucht zwischen Bäumen verfangen. Er war in einen Graben gerutscht und hing dort wie eine Fliege im Spinnennetz fest. Robin stieg aus seinem Boliden und ging auf ihn zu. Er war überheblich.
„Ich lass dich erst raus, wenn du mir alle Fragen beantwortet hast", sagte er cool.
Dann sah er den Nitro Nummer drei. Silbern und rosa saß der im Baum. Oben im Wipfel. Ein tollwütiger Affe. Ein mit Haifischmaul grinsender Monsterclown. Er sah die Metallkugel aus der Baumkrone fallen, und dann riss ihm das 100-Kilogramm-Eisen den Boden unter den Füßen weg. Seile sprangen aus dem Gras, spannten sich surrend um ihn herum und zogen das Fangtuch hinter sich her. Die Plane, die sich an ihm festsaugte wie eine zweite, feuchte Haut.
„Das ist eine Falle!", rief er erschrocken.
Dann war es still.

Er hing in der Luft wie eine eingesponnene Fliege. Er schwebte langsam hin und her. Robin konnte es sehen, als wäre er ein Geist, der aus seinem Körper herausflog. Jetzt sah er das Messer. Es zerschnitt lautlos die Seile. Er fiel auf den Boden und mit dem schmerzhaften Aufprall kehrte er in seinen Körper zurück. Er spürte die Hände. Die packten Schulter und Hüfte und schnürten die Seile um ihn und die Plane. Sie hievten ihn auf die Überrollbügel, banden ihn fest, zogen den Boliden aus dem Graben und rasten lautlos ins Nirgendwo.
Robin konnte durch die Plane nichts sehen. Er konnte nur riechen und hören. Doch die Schläge der Überrollbügel auf seine Rippen, wenn der Hot Rod hüpfte oder sprang, verhinderten, dass er sich konzentrieren konnte. Er konnte nicht erraten, wohin sie fuhren. Alles verschwamm im sich wiederholenden Schmerz und der Angst vor dem Ersticken.
Irgendwann kam ein zweites Auto. Um ihn herum war es feucht und klamm. Ein Tunnel, dachte Robin, ein verdammt langer Tunnel. Dann streifte ihn etwas. Vielleicht ein Vorhang. Und dann fuhren sie in einen riesigen Raum, eine Halle vielleicht, und Robin erschrak. Jetzt wurde es ernst. Sie waren da.
Er wurde gepackt und vom Auto gezogen, über dem er wie ein Teppich hing. Sie ließen ihn fallen. Sie rollten ihn aus, und er dachte nur daran, cool zu bleiben.
Schnapp nicht nach Luft. Zeig keine Schwäche. Du bist keine Schissbuchse. Du bist ein V8. Du bist Robin V. Acht. Der beste Freund Davids. Der Kerl, dem Kiki und Luca vertrauen. Du hast ihnen ewige Treue geschworen.

Er setzte sich auf. Er ignorierte die Blätter in seinem Gesicht und fixierte stattdessen die Teufelclowns. Die gingen im Kreis um ihn herum:

Feige Haie im Meer oder unbesiegbare Räuber?

Nein, eher das Zweite, dachte Robin. Denn die Nitro-Freak-Welt war gigantisch. Noch nie hatte Robin eine solche Halle gesehen. Dagegen war die Kathedrale des Schrotts, die Schrottplatzhalle von Kikis Mutter, ein kleiner, mickriger Abstellraum. Und in dieser Halle befand sich ein Zirkus. Ein Jahrmarkt. Nein, oder war es die Kulisse für ein Theaterstück? Ein böses Theaterstück. So bunt und so böse wie die Masken der Nitros und ihre rosa gefärbten Löwenmähnen.

„Kennst du das noch? Kannst du dich daran noch erinnern?“ Die Stimme des Clowns, der links von ihm stand, klang dunkel verzerrt, als er das rosa Bobbycar zu Robin kickte.

„Kannst du dir vorstellen, wie sehr wir euch hassen?“, fragte der Nitro-Freak in der Mitte und baute sich bedrohlich vor Robin auf.

„Uns? Wieso uns?“, fragte Robin erschrocken und versuchte dabei, seine Angst zu verbergen.

Denn der dritte der Clowns kam jetzt auf ihn zu. Er fixierte ihn hasserfüllt durch die Gläser der Brille, die er über der Maske trug.

„Das glaube ich nicht!“, spottete der Nitro verächtlich und stellte sich hinter Robin auf. Er packte Robins Lederjacke und zog sie ihm so über Schulter und Arme, dass er danach gefesselt war. „Er weiß nicht, welche Demütigung es für uns war? In der Höhle des Löwen ...“ Er ging um Robin herum, blieb direkt vor ihm stehen und riss ihm das Hemd bis zum Bauchnabel auf. „Gegen die Barakudas verlieren?“

Er sprang noch einmal um Robin herum, packte den Gürtel von Robins Hose und zog sie ihm bis auf die Knöchel hinab: „Hilft dir das vielleicht, dich zu erinnern?“
Robin schoss das Blut in den Kopf. Er war wie gelähmt. Und mit dieser Ohnmacht sausten die Bilder durch seinen Kopf ...

... Bilder aus der Höhle des Löwen. Dort stand Naik I. Dadidas, der Barakuda-Promoter, und zeigte in einen Teil der Halle, die noch in tiefer Finsternis lag: „Das ist es, was wir unter Sterben verstehen.“
In diesem Moment glühten Scheinwerfer auf. Die Scheinwerfer der besiegten Nitro Hot Rods, und in ihrem Licht erkannten die vier Kids der V8 das Rennteam der Verlierer. Die Nitros hatten gegen die Barakudas verloren und mussten jetzt dafür bezahlen. Sie mussten ihre Münze an den Sieger abgeben. Die magische Münze, mit der sie erwählt worden waren. Und sie wurden in rosa Windeln gekleidet, mit Schnullern geknebelt und mit Babyhauben gepeinigt auf rosa Bobbycars gesetzt. Und so saßen sie da, vor vier langen Stangen, auf denen die Helme und Masken der Clowns wie abgeschlagene Köpfe hingen. Doch diese Helme waren nicht rosa. Sie waren gelb und petrol und mit dieser Erinnerung kehrte Robin aus seiner Albtraum-Ohnmacht zurück.

Er hatte nicht gemerkt, was mit ihm passiert war, und er wollte sich auch nicht erinnern. Er trug jetzt selber eine Windel und der Clown, der ihm die Kleider zuvor vom Leib gerissen hatte, drückte ihn auf den Sitz des Bobbycars.

„Aber das waren nicht *wir*!“, wehrte er sich verzweifelt. „*Wir* haben euch nicht in die Windeln gesteckt.“

„Habt ihr das gehört?“, lachte der Clown in der Mitte. „Er hatte damit überhaupt nichts am Hut.“

„Aber du bist doch ein Junge!“, zischte der Nitro, der hinter ihm stand.

„Und das reicht uns schon aus!“, drohte sein dritter Entführer und nickte den beiden anderen zu. Die setzten jetzt ihre Brillen ab. Sie zogen die Masken von ihren Gesichtern. Und was Robin schon bei den letzten Sätzen der Nitros geahnt und befürchtet hatte, wurde jetzt zu einer Gewissheit, die der Junge in seiner Windel nicht mehr ertrug.

Die Nitros zogen die Helme ab. Sie schüttelten ihre langen Haare und die fielen um ihre geschminkten Gesichter. Das waren keine Jungs. Das waren verflucht noch mal drei biestige

Mädchen. Und die links von ihm war die älteste. Ihre Haut schimmerte dunkel, als ob sie aus Afrika käme. Oder vielleicht sogar aus der Karibik. Sie war mindestens
vierzehn. Eine echte Piratin. Doch die Blonde, die hinter ihm stand, kam ihr zuvor. Venice hieß sie. Sie kniete jetzt neben ihm und legte die Arme um seine Schultern.

„Na, wie fühlst du dich jetzt?", säuselte sie.

„Robin V. Acht." Die Piratin, die Mardi Gras hieß, genoss ihren Triumph. Und die dritte der Nitros, die jüngste, stach ihm das Messer zuckersüß in die Brust.

„Willst du vielleicht nach Hause zu Papi?" Sie musterte Robin aus Bambi-Augen: mitfühlend, weich. Doch das Grinsen, das Samba, die jüngste, dabei zeigte, war purer Spott. Der brannte Robin ein Loch ins Herz, und obwohl er sich dabei noch mehr blamierte, sprang er jetzt auf.

„Lasst mich in Ruhe!", rief er verzweifelt und floh, nur mit der rosa Windel bekleidet, um einen Zirkuswagen herum und verschwand dort im Nichts.

03 Die Fürstin der Finsternis

Der Bahnhof war stillgelegt, und zwischen den alten Gebäuden wirkte der nachtgraue Jaguar wie ein aalglatter und unbesiegbarer Räuber. Der Ort lag im Süden. In der verbotenen Zone, und die hasste der Bürgermeister mehr als die Pest. Trotzdem fuhr Robins Vater durch das halb offene Tor auf den Bahnsteig zwischen den toten Gleisen. Neonröhren hingen schief über ihm. Dann sah er die Clowns. Drei saßen vor ihm auf drei Bänken und zwischen dem zweiten und dritten stand ein Podest: hüfthoch und wie eine Zuckerstange rotweiß geringelt.
Er stoppte den Jaguar und stieg langsam aus. Er hatte einen Anruf von einem der Nitros bekommen.
„Ich weiß, wo Ihr Sohn ist. Aber das kostet Sie etwas!“ Dann hatte er ihm diesen Ort genannt.
Robins Vater erreichte die erste Bank. Darauf saß eine verkleidete Frau. Sie trug eine altmodische Karnevalsmaske und starrte ihn an. Sie rührte sich nicht. Sie zuckte nicht mit der Wimper, und für einen Moment spürte ihr Gegenüber eine Angst, die er bisher noch nicht kannte. Er überlegte kurz, ob er umkehren sollte. Er hatte die Nitros noch nie getroffen. Er hatte nur zweimal mit ihnen telefoniert. Das heißt: Sie hatten ihn zweimal angerufen. Beim ersten Mal hatten sie ihm ihre Hilfe angeboten, und wegen des zweiten Anrufs war er hier.
Er stand vor der Frau, die wie ein Zombie aussah. Eine lebende Puppe mit einem Herzen aus Prozellan. Das stellte er sich plötzlich vor:

Er sah, wie das Herz beim Schlagen aufriss ...
Doch das war gaga oder verrückt.
Er riss sich am Riemen. Er hob einen Arm und stieß die Frau vor die Schulter. Die wippte ungelenk hin und her, und ihr Kopf kippte langsam schräg zur Seite.
Sie war eine Puppe. Eine herzlose Puppe. Eine Puppe, die tot war, dachte Rasmus V. Acht, der Vater von Robin, und lächelte böse über den Spaß, den sich die Nitros mit ihm machten. Dann ging er weiter über den Bahnsteig in Richtung Podest.
Den Pierrot auf der nächsten Bank ließ er einfach links liegen. Er würde sich nicht noch einmal lächerlich machen. Er sah kurz zur letzten der drei Puppen. Es war eine Frau. Er sah die Maske aus Eisen und den gefiederten Kopfputz: riesige pechschwarze Adlerfedern, die im Neonlicht leuchteten, als würden sie sich ganz langsam bewegen. Dann trat er neugierig vor das Podest. Das schloss in einer Radfelge ab, und auf der lag ein Wecker. Ein Wecker mit einem Clownsgesicht. Ein Kinderspielzeug, dachte Rasmus. Doch irgendwie war der Wecker mehr. Unheimlich mehr. Kabel führten aus ihm zu drei Stangen. Rotweiß geringelte Zuckerstangen. Doch die waren in Wirklichkeit Dynamit. Und obwohl das so war, konnte Robins Vater nicht anders. Er streckte die Hand aus. Er wollte den Wecker und die Dynamitstangen berühren. Er wollte wissen, ob sie wirklich da waren. Dass er nicht träumte, obwohl er wach war. Doch im selben Moment, noch bevor seine Fingerspitzen den Wecker erreichten, klappten die Augen des Clownsgesichts auf. Sie wurden zu Ziffern eines Countdowns, der im Sekundentakt gegen null lief: 60, 59, 58 ...

Rasmus erschrak. Er zuckte zurück, und er erschrak gleich ein zweites Mal, als eine Stimme ertönte.

„Haben Sie Angst?", fragte sie kalt, und dann erhob sich die Puppe mit dem Adlerfederkopfputz. „Oder was ist das für ein Gefühl, wenn man sich mit dem Süden verbündet? Der verbotenen Zone?"

Die Frau schritt langsam auf Rasmus zu. Die pinke Halskrause wippte leicht. Die Weste glitzerte wie ein Panzer und die Stiefel klackten auf dem Asphalt. Dann blieb sie vor ihrem Opfer stehen.

„Hier gibt es Sachen, die es sonst nirgendwo gibt." Sie lächelte böse. „Puppen, die leben. Oder, ja, Süßigkeiten aus Dynamit."

Sie schaute vom Wecker zu Robins Vater, doch der hatte sich jetzt wieder im Griff. Er musterte die Frau und versuchte sie einzuschätzen. War sie ein Freak oder eine Verrückte? Oder war sie das, was ihre Kleider versprachen? Die böse Königin aus dem Märchen. Eine Fürstin der Finsternis ...

„Nun", räusperte sich der Bürgermeister. „Was mich betrifft, habe ich noch keinen

meiner Geschäftspartner unterschätzt." Er deutete mit den Augen zum Tor im Rücken der Frau, am Ende des Bahnsteigs, und als wäre das ein Zeichen, fuhr Kojak in einem der Porsche vor. In einem der 500 PS starken Porsche, die die Dienstwagen von Habichts Spezialeinheit waren. Er verstellte den Fluchtweg, und weit hinter Rasmus und seinem Jaguar tat Calahan das Gleiche. Er versperrte den zweiten Ausgang. Die Frau mit der Maske saß in der Falle.

„Ich habe verstanden", registrierte sie trocken, und Robins Vater genoss seinen Sieg. Er schaute zum Ziffernblatt des Weckers.

„Gut. Sie haben noch 33 Sekunden, um mir zu sagen, wo sich Robin versteckt."

Doch die Frau blieb ganz cool. Sie legte den Kopf nur leicht zur Seite.

„Und Sie haben vergessen, dass Sie noch weglaufen müssen. Und dass Sie mich für meine Info bezahlen." Sie streckte die Hand aus. Sie wollte das Geld. Aber Robins Vater rührte sich nicht.

„Ich glaube nicht, dass Sie sich in die Luft sprengen werden", sagte er spöttisch.

Da ging sie langsam um ihn herum. Sie stellte sich lauernd hinter ihn und lugte über seine Schulter zum Wecker auf dem Podest hinab.

„Zweiundzwanzig. Einundzwanzig. Zwanzig", zählte sie. „Im Jaguar dahinten sind Sie ganz bestimmt sicher." Sie grinste ihn an, und Robins Vater zog den Umschlag aus der Innentasche seines Mantels.

„Wo ist mein Sohn?", fragte er grimmig, und sie nahm das Geld.

„Halt. Nicht so schnell. Ich glaube, ich habe einen besseren Plan." Sie fixierte den Bürgermeister. „Ihr Sohn ist mein Köder. Der Köder für ein Rennen, an dem alle teilnehmen werden. Die V8, die Nitros und der heilige Pan. Dann kriegen Sie alle. Dann ist sein Traum tot, und Robin wird nie wieder von Ihnen weglaufen wollen."

Sie lächelte böse, als sie das Leuchten in seinen Augen entdeckte.

„Wo findet dieses Rennen statt?", fragte er und konnte seine Neugier nicht verbergen.

Doch er bekam keine Antwort. Die Anzeige auf dem Wecker sprang von sieben auf sechs.

„Sie sollten jetzt laufen!", empfahl ihm die Fremde, und er zögerte keinen Augenblick. Er rannte zum Jaguar und riss die Fahrertür auf. Da klingelte der Wecker. Robins Vater fuhr herum. Er sah die Maskierte neben der Bombe. Die detonierte in einem Blitz, und als der Rauchpilz zum Dach hinaufstieg, das sich über die Bahngleise spannte, war sie verschwunden. Kojak und Calahan rasten herbei und sprangen aus den Porsches.

„Das ist doch nicht möglich!", riefen sie überrascht. „Sie ist spurlos verschwunden."

Sie schauten zum Bürgermeister, und der kämpfte wie sie gegen die Unlogik dieser Erkenntnis. Das war absurd. Unglaublich. Verrückt. Das konnte nicht wahr sein, obwohl es das war. Das war so unwirklich wie ein Albtraum.

„Dann suchen Sie sie!", befahl Robins Vater und riss sich mit seinem Zorn aus dem Traum. „Finden Sie sie und lassen Sie sie nie wieder aus den Augen!"

Dann stieg er in seinen Jaguar und jagte im Rückwärtsgang aus dem Tor. Als würde er vor etwas fliehen, das ihm überlegen war. Das noch böser war als er.

04 Rache in Rosa

Und genau dieses Böse, vor dem Robins Vater aus dem Bahnhof geflohen war, spürten David, Kiki Lilou und die vor Panik sterbende Luca. Doch sie liefen nicht vor ihm weg. Sie gingen zu ihm. Direkt darauf zu. Durch diesen endlos langen Tunnel. Das Wasser, das aus den Wänden perlte, war in Wirklichkeit mit Säure versetzter ätzender Schleim. Davon war Luca überzeugt, und in ihrer Fantasie rückten die Wände immer enger zusammen. Sie würden verätzt und dann zerquetscht. Der Berg fraß sie auf. Das war gewiss. Sie wusste Bescheid. Sie sagte nur nichts, damit die anderen sich nicht fürchteten. Damit sie die letzten Minuten ihres Lebens wenigstens noch genießen konnten. Doch schließlich hielt sie es nicht mehr aus.

„Habt ihr ’ne Ahnung, wohin dieser Tunnel führt?“, fragte sie heiser und schaute flehend zu Kiki.

„Ich? Wieso ich?“, stutzte das Mädchen. „Ich hab keine Ahnung. Ich komm aus dem Süden und dieser verflixte Tunnel liegt im Norden.“

„Der irgendwann selbst zum Süden wird, je weiter man nach Norden geht“, orakelte David unheilvoll.

„Was laberst du da für ’n gequirlten Mist?!“ Luca verlor die Geduld. Nein, sie fühlte, wie Panik sie übermannte, und Kiki würgte die Angst herunter wie einen riesigen klebrigen Kloß.

„Das Orakel von David, deinem hochheiligen Bruder, will uns damit sagen, dass es hier bald gefährlich wird“, erklärte sie tonlos und Luca erschrak.
Das war der berühmte letzte Tropfen. Das Quäntchen zu viel. Das Benzin, das man ins Feuer kippt.
„Dann bring uns hier raus. Ich bin klaustrophobisch gegeißelt. Ich sterbe in viel zu engen und dunklen Tunneln.“ Dann schrie sie entsetzt. „Oh, David, verflixt!“
Der Strahl ihrer Taschenlampe streifte einen staubigen Helm. Einen Rennfahrerhelm. Der steckte neben drei anderen Helmen auf Stangen, die einmal rotweiß geringelt waren.
„Die Nitros! Die Nitros!“, stammelte Luca, und David fuhr die Mädchen an:
„Macht eure Taschenlampen aus!“ Er blitzte sie an, und als Luca sich weigerte – „Aber dann seh ich nichts, David!“ –, wies er sie zurecht: „Bingo. Du Checker! Doch wer nichts sieht, wird auch selbst nicht gesehen. Habt ihr das kapiert? Dieser Tunnel führt nicht durch den Berg. Er führt in ihn rein. Direkt in ihr Nest. Also knips deine Lampe aus und bleib hinter uns!“
Er fasste sich ein Herz und ging entschlossen voraus. Kiki folgte ihm wortlos, und Luca blieb auch nichts anderes übrig.
„Ich warne euch, hört ihr!“, zischte sie drohend. „Ich leide unter Klaustrophobie. Ich dreh durch in zu engen und dunklen Räumen. Und Tunnel gehören genau dazu.“
„Dann halt deine Klappe!“ David verlor die Geduld. „Denn bevor du verrückt wirst, hören die dich. Und ich kann dir erzählen, was sie

mit dir machen. Hast du die Masken der Nitros gesehen? Die Clownsmasken mit den Haifischmäulern?“
„Halt! Stopp! Das reicht!“ Luca sah schon die Haifischmäuler. Sie flogen im Dunkel um sie herum. Sie lachten sie aus und schnappten mit tausend Zähnen nach ihr.

Doch Monster sehen ganz anders aus.
Das dachte Robin, obwohl ihn die drei Mädchen so gedemütigt hatten. Er hatte einen goldgrünen Mantel gefunden. Den Mantel eines Königs oder Zirkusdirektors. Der fiel an ihm bis auf den Boden herab und verbarg die Schande der rosa Windel. So stand er im Schatten des Karussells und spähte über die Manege in der Mitte der Halle zu den Mädchen hinüber. Die machten sich gerade fürs Schlafen fertig. Die letzten Strahlen der Sonne fielen durch die riesigen Fenster und tauchten alles in goldenes Licht. Die Zirkuswagen aus alter Zeit. Die Holzpferde davor auf dem Karussell. Die Girlanden aus Glühbirnen, die überall hingen. Das alles sah wie im Märchen aus. Und die Mädchen, die Nitros, diese giftigen Biester, lachten und strahlten wie Prinzessinnen. Prinzessinnen in Puppenkleidern.
Robin sah Venice. Sie hatte ihre Haare zu einem Dutt hochgesteckt und trug als Nachthemd ein kurzes Kleid. Weiße Seide mit ganz großen Punkten. Und die Farbe der Halskrause passte perfekt zur Farbe der Strasssteine in ihrem Gesicht. Sie funkelten wie Tränen unter dem linken Auge, wenn sich das Sonnenlicht darin verfing. Sie sah so schön und friedlich aus, als sie das Grammophon mit der Kurbel aufzog. Robin hörte das Kratzen der Nadel, als Venice sie auf

die Platte setzte, und dann erklang ein romantischer Song. Ein Song über eine ganz große Sehnsucht: die Sehnsucht nach einer Familie. Und Robin fühlte sie mit den Mädchen. Obwohl er sich dagegen wehrte.

„Oh, ich liebe diesen Song!“ Mardi Gras horchte auf. Das älteste der Nitro Girls saß in einem Harlekin-Schlafanzug auf der Kante ihres Bettes und lackierte sich die Fußnägel rot.

„Den hat Mama immer gesungen, als wir noch klein und putzig waren!“, schwärmte die Jüngste im mittleren Bett. Das war wie die Betten der anderen Mädchen früher einmal vor vielen Jahrzehnten eine Kutsche auf einem Kinderkarussell gewesen. Wäscheleinen spannten sich über den Mädchen, an denen bunte Kleider hingen, und verwandelten die Ecke der Halle hinter dem Käfigwagen mit dem Löwen in eine niedliche Puppenstube. Dann begann Venice zu singen. Und ihre Stimme klang schön. Schön, ehrlich und klar, und als die beiden anderen Mädchen mit ihr zusammen sangen, konnte Robin nicht mehr widerstehen. Etwas zog ihn dorthin. Durch die Manege und am ausgestopften Löwen im Käfigwagen vorbei. Er spürte den Blick, mit dem ihn Venice begrüßte. Den Blick einer Schlange. Drohend und scharf. Ihm stockte der Atem. Doch dann beachteten ihn die drei Mädchen nicht mehr. Sie sangen einfach den Song, der von ihrem Vater erzählte und wie ihre Mutter ihn liebte.

In Robin stritten Hass und Neugier. Er räusperte sich.

„Was wollt ihr von mir?“, fragte er noch mit zittriger Stimme. Doch dann wurde sie fester. „Ich hab die vier Nitros in den Windeln gesehen. In der Höhle des Löwen. Nach ihrer zweiten Niederlage gegen

Hell GTI. Und das waren keine Mädchen. Das waren verflixt noch mal alles Jungs."

„Bingo, du Brainbug!", fauchte Samba ihn an, weil er sich traute, ihr Lied zu stören.

„Deshalb bist du doch hier. Um für sie zu bezahlen!", erklärte die Älteste mit einem spöttischen Lächeln und schaute ihn dabei noch nicht einmal an. Mardi Gras lackierte ihre Fußnägel weiter, und Venice, die dritte, sang, als wäre er nicht da.

„Du kannst doch schon zählen." Samba seufzte genervt. „Sind wir vielleicht vier?"

„Also fehlt uns wohl einer." Mardi Gras rollte die Augen. „Oder glaubst du noch immer, dass Venice, wie ich, eine Fahrerin ist?"

„Sie ist unser Promoter." Samba schaute zu Venice, und die stand jetzt auf. Sie kam auf ihn zu und sang dabei weiter: einfühlsam, traurig. Doch ihre Blicke hypnotisierten und lähmten ihn wie vergiftete Pfeile.

„Unser zweiter Fahrer war der", hörte er Samba von Weitem. Er sah, wie sie aus dem Bett sprang und ein Foto abriss. Das hatten die Nitros mit einem Wurfmesser auf eine Zielscheibe genagelt. „Pierrot, diese Ratte", zischte sie voller Hass, ging zu ihm hin, während Venice, die Schlange, um ihn herumschlich, und hielt ihm das Foto unter die Nase. Robin sah die vier Jungs aus der Höhle des Löwen, wie sie halb nackt in Windeln und mit Schnullern geknebelt auf den Bobbycars saßen. „Ich spreche von dem Kerl da, dem zweiten von links", sagte Samba verächtlich und Mardi Gras fügte zornig hinzu:

„Er hat sich geschämt, mit uns zu fahren."

„Mädchen sind giftig, hat er gesagt.“ Venice hauchte den Satz wie einen tödlichen Fluch und sah ihm dabei direkt in die Augen. „Obwohl wir schon sechs Münzen hatten.“

„Sechs, hörst du, sechs!“, erzürnte sich Samba, als wäre das alles erst gestern geschehen.

„Und die der Barakudas wäre die siebte gewesen!“ Venice sprach sanft, doch ihre Augen glühten wie Feuer.

„Sieben Rennen. Sieben Siege!“ Mardi Gras teilte die Wut. „Wir wären längst in der Burg.“

„Doch dann ist die Ratte mit den drei anderen gekommen. Den anderen Jungs.“ Samba, die kleinste, kam auf ihn zu und hielt das Seil schon zwischen den Händen. „Sie haben uns gefesselt, sind in unsere Masken geschlüpft.“ Sie nahm seine Hände und band sie rüde zusammen.

„Und den Rest kennst du!“, fiel ihr Venice ins Wort. „Bla. Bla. Bla. Bla“, höhnte sie, steckte Robin den Schnuller in den Mund, setzte ihm die Rüschenbabyhaube auf den Kopf und schnürte ihre Bänder so fest um Schnuller und Hals, dass er sich nicht mehr befreien konnte.

„Deshalb bist du hier“, erklärte Mardi Gras währenddessen. „Das ist doch ganz logisch. Wenn wir nicht in die Burg kommen, kommt auch kein Junge dorthin.“

„Und das tut uns echt leid“, spottete Samba noch einmal. „Denn ihr hättet es schaffen können.“

„Ihr wart verdammt gut!“ Venice zuckte die Achseln.

„Ja, Venice hat recht“, nickte Mardi Gras trocken. „Ihr wart echt die Besten!“

Robin schaute verwirrt über Samba zu Venice. Die stand jetzt vor ihm und rekelte sich. „Aber jetzt bin ich müde." Sie gähnte ganz kurz und drehte sich um.

„Und wie müde ich bin!", gähnte auch Samba und rollte sich in ihre Kissen ein. Genauso wie ihre älteste Schwester.

„Hey, hast du gehört", wandte die sich an Robin. „Wir sind alle müde. Also lass uns in Frieden und träum etwas Schönes." Sie grinste ihn an und schloss ihre Augen. Dasselbe tat Venice, nachdem sie sich in ihr Bett gelegt hatte, und Robin stand da: verwirrt und verlassen und bis auf die Knochen blamiert.

Er hasste die Mädchen für das, was sie taten. Doch er konnte nichts sagen. Der Schnuller steckte in seinem Mund, und deshalb ging er in die Halle hinein, bis an ihr westliches Ende. Dort stellte er sich vor das große Fenster und schaute durch ein Loch auf den nächtlichen Wald. Hinter dem erhob sich der Drachenrücken wie ein nicht zu erreichender, ferner Stern.

Auf dem hatte er mit seinen Freunden gelebt. Und dort stand jetzt Angelina auf dem Dach des VW-Busses und spähte in Richtung Horizont. Die Mutter von Luca und David konnte die Halle der Nitros nicht sehen. Die lag Kilometer entfernt und streckte sich dort, von Wäldern verborgen, aus einer mächtigen Steilwand, als hätte sie ein Riese in den Berg gerammt.

Aber trotzdem fühlte die Frau, dass etwas Schlimmes passierte. Etwas, das alle bedrohte. Sie, die V8, den Pan und die Burg. Die so kostbare Rennfahrerschule für Kinder. Und sie spürte die Blicke von Angelo, ihrem Mann und der Mutter von Kiki. Sie schauten zu ihr auf

den VW-Bus hinauf, als könnte sie etwas in der Dunkelheit lesen. Doch da stand nur ganz groß und leuchtend: Gefahr.
Und diese Gefahr spürten auch Sam Kamschik und sein alter Freund Frodo Bilboa. Der Kartbahnbesitzer und der Döner-Diner-Mann saßen in der lichtlosen Zelle auf ihren Pritschen und starrten durch das Gitter des Fensters zu den blassen Sternen hinauf. Ja, und obwohl es noch Sommer war und ein lauer Wind wehte, fröstelte es sie beim Licht der Sterne.

05 Mich kriegen die nicht mehr

Sechs Stunden später – dort wo Licht war, musste der Morgen jetzt ganz langsam grauen – gefroren Luca die Härchen in ihrem Nacken; und dann lief ein eisiger Tropfen aus Angst unter ihrem Piratenhemd die Wirbelsäule hinab zum Steiß. Ein Monster schälte sich vor ihnen aus der ewigen Nacht des Tunnels. Ein riesiger Schädel. Ein Albtraumclown, dem die Schminke in Brocken aus den Wangen brach. Doch in seinem von braunen Zähnen umrahmten Maul befand sich ein Tor: scheunengroß. Und hinter dem blutroten Vorhang, der es verhängte, witterte David einen Hauch von Licht. Das lang ersehnte Licht am Ende des Tunnels, durch den sie seit Stunden gewandert waren. Den Nachmittag, den Abend und fast die ganze Nacht.
David spürte die Freunde, die neben ihm standen. Er spürte ihre Furcht vor dem Unbekannten. Vor dieser unheimlichen Brutalität, die selbst ein Naik I. Dadidas, der Wolfspelz tragende Barakuda-Promoter, noch nicht besessen hatte. Die Brutalität, mit der die Nitros Robin entführen und solche Monster bauen konnten, die ihr Zuhause beschützen sollten. Doch hinter dem Maul des Albtraumclowns befand sich ihr Freund, und deshalb spürte David nicht nur die Furcht. Er spürte Kikis Entschlossenheit und Lucas große Sorge um Robin.
„Wir holen ihn da raus!“, flüsterte David, ballte die Fäuste und schlüpfte als Erster durch den Vorhang.

Die Halle dahinter lag im Zwielicht der Nacht, die sich noch gegen den Morgen wehrte. David, Kiki und Luca huschten eine Rampe hinauf, suchten den Schutz einer hüfthohen Mauer, liefen geduckt in ihrem Schatten und erreichten die Mitte des vier Fußballfelder großen

Gebäudes. Dort befand sich ein Kreis, sieben Meter im Durchmesser und von einem Stahlkranz umgeben, der zwar nur gerade kniehoch, trotzdem die letzte Deckung bot, bevor das Lager der Nitros begann. Der Junge und die beiden Mädchen schauten sich um. Direkt vor Kiki saß eine Puppe, lebensgroß, maskiert und schaute sie an, als würde sie leben. Und in ihrem Rücken erhob sich ein Billboard, das die Vergangenheit der Nitros besang. Schreckliche Clownsmasken zwischen wütenden Hot Rods, die durch Feuerreifen sprangen.

„The Fastest Show on Earth!“, las David respektvoll, und Luca versuchte vergeblich, ihre Angst hinunterzuschlucken:

„Beim bauchaufschlitzenden Blassentöter! Die Nitros sind Freaks.“

Kiki sah noch einmal zur Puppe, die direkt neben ihr auf dem Stahlkranz saß. Lebte die wirklich nicht? Und was war mit den anderen, die überall in der Halle standen? Die Frau auf dem Karussell, die schon Robins Vater verwirrt hatte. Auf dem Bahnsteig des Bahnhofs. Der Mann vor dem Löwenkäfig und der vor dem Fenster am Ende der Halle. Dem riesigen Fenster hinter der Zirkusmanege und dem Fallschirmhimmelszelt, das sich über ihr spannte.

„Ich weiß zwar nicht, was du unter Blassen verstehst“, hauchte sie unheilvoll, „und warum die einem den Bauch aufschlitzen. Aber ich spür meinen Bauch. Das hier ist groß. Ich meine, mindestens eine Nummer zu groß für uns, David.“

„Aber ich sehe Robin!“, ignorierte der ihre Warnung. „Und ich hol ihn da raus. Das dürfen die keinem von uns ungestraft antun.“

Er hatte Robin entdeckt. Auf dem Podest vor dem Fenster, das fast die ganze Stirnseite ausfüllte. Dort stand sein Freund mit dem Rücken zu ihnen neben dem Clown, der eine Maske trug. Auch der war schon auf dem Bahnhof gewesen.

„Aber pass auf!", warnte ihn Kiki Lilou. „Es wird schon hell, und sobald die Sonne aufgeht, wachen die auf. Wo immer die stecken ..."

Doch David sprang schon aus seiner Deckung und huschte in Richtung Karussell.

Wo immer die stecken, dachte auch er und scannte dabei jeden Winkel der Halle. Er versuchte durch die Fenster der Zirkuswagen zu spähen, die hinter dem Karussell um die Manege standen. Da stieß er an ein altes Dreirad. In Form einer Schnecke. Es schepperte laut.

„David! Pass auf!", zischte Luca erschrocken, und ihr Bruder hatte sich erst gerade hinter eine Säule geduckt – eine viel zu dünne und kurze Säule –, da hörten sie alle eine Stimme.

„Mama, bist du das?", fragte Samba im Schlaf, hob kurz den Kopf, und schaute sich immer noch halb schlafend um. Sie sah die Säule, hinter der David stand. Doch den erkannte sie nicht. Dafür war sie viel zu müde. „Oh, schön, dass du da bist, Mama!", murmelte sie und rollte sich in ihre Kissen ein.

David, der Samba nicht sehen konnte, stockte das Herz, und er wartete mindestens fünf Minuten, um sicherzugehen, dass der Nitro schlief.

Kiki hielt es nicht mehr aus: „Gleich wachen sie auf!", zischte sie ungeduldig, doch David schien das nicht zu hören. Er wartete noch einmal zwei Minuten, zwei unendlich lange Schicksalsminuten, dann lief er weiter bis zum Fenster, kletterte auf das Podest und weckte Robin aus seiner Trauer.

„Oh, Mann, ich hätte dich fast nicht erkannt!“, grinste er frech und löste die Fesseln an Robins Händen. Der zog den Schnuller aus seinem Mund.
„Das find ich nicht lustig!“, sagte er sauer, doch seine Augen leuchteten vor Freude darüber, dass sein Freund gekommen war. Und David lachte:
„Das kann ich verstehen. Doch leider haben wir keine Zeit. Du kannst dich nicht umziehen.“
Er meinte die Windel unter Robins Mantel, und im selben Moment ging die Sonne auf. Ihre Strahlen schossen durch das riesige Fenster auf die Betten der Nitros.
„Was hab ich gesagt?!“, erschreckte sich David und duckte sich hinter das Geländer.
Gleichzeitig wachten die Nitros auf.

„Oh, Venice, ich hab so fantastisch geschlafen!“, streckte und reckte sich Mardi Gras.
„Und ich erst mal, Mardi! Ich hab geträumt, wir waren in der Burg!“ Venice schälte sich aus den Kissen, und Samba lief schon zum Kleiderschrank. Dem begehbaren Kleiderschrank.
„Ja, und ich trag heute den Traum eines Rocks!“ Sie riss das Kleidungsstück vom Bügel.
„Ja, und ich zieh das an, oder das oder das?“ Venice, die ihr folgte, konnte sich nicht entscheiden.
„Sieh doch mal, wie das duftet und riecht!“ Mardi Gras drückte ihr Gesicht in ein Kleid. „Ich werd gleich verrückt!“

„Und ich fress einen Besen!“, staunte Luca ungläubig. „Die Nitros sind Mädchen.“

Und David dachte für sie weiter. „Aber wer waren dann die Jungs in der Höhle des Löwen? Ich meine die auf den Bobbycars.“

„Das erzähl ich dir später!“, zischte Robin, riss sich die Babyhaube vom Kopf, kletterte vor David vom Podest und huschte eilig in die Halle. „Wir müssen an den Biestern vorbei, solange sie im Kleiderschrank wühlen.“

„Ja, zum Glück sind es Mädchen“, grinste David, der hinter ihm rannte.

Da erwachten die Harlekinpuppen zum Leben. Die menschengroßen Puppen, die schon im stillgelegten Bahnhof auf den Bänken gesessen hatten. Der weiße Pierrot-Clown drehte den Kopf und schaute vom Podest vor dem Fenster zum Narren, der vor dem Löwenkäfig stand. Der verfolgte die Jungs mit den Augen und drehte den Kopf zum Karussell. Dort saß die Frau mit der Karnevalsmaske. Sie hielt zwei Becken in der Hand. Sie zuckte zuerst nur mit dem Kopf. Dann bebte ihr Körper, und als die Jungen an ihr vorbeiflohen, sprang sie holprig, wackelig auf und schlug die Becken gegeneinander.

David und Robin hielten an. Der blecherne Ton versteinerte sie, und Sambas Bambi-Augen wurden zu Löchern. Dann schossen Blitze aus ihnen heraus. Sie entdeckte die Jungen in der Halle.

„Cobra gespickte Vipernbrut!“, kombinierte sie blitzschnell. „Sie wollen ihn befreien!“

Und David und Robin starrten zur Puppe, die die Alarmanlage der Nitro-Freaks war. Sie schlug die Becken gegeneinander.

„Macht, dass ihr hier rauskommt! Wir müssen fliehen!“, rief Kiki Lilou und sprang aus der Deckung. Sie packte Luca am Arm und rannte mit ihr zum Tunnel zurück, den auf der Seite der Halle ein blutroter Zirkusvorhang verschloss.

„David und Robin!“, schrie Luca verzweifelt, und endlich rissen sich die Jungen aus ihrem Schock. Sie folgten den Mädchen so schnell sie konnten, doch auch die Nitros sprinteten los.

„Venice! Du nimmst den rechten Tunnel!“, befahl Mardi Gras. „Ich laufe durch den linken um sie herum.“

Und Luca hatte keinen Zweifel, dass sie dazu in der Lage war. Denn als sie den Vorhang vor dem Tunnel erreichte, spähte sie noch einmal zurück. Sie sah Mardi Gras. Die schoss wie ein Pfeil quer durch die Halle, und Samba rief ihnen zornig nach:

„Fangt sie! Und bringt sie alle zurück. Wir brauchen sie lebend. Aber das heißt nicht, dass ihr nicht grob sein dürft!“

Sie rümpfte die Nase und bleckte die Zähne, und David und Robin schlüpften durch den Vorhang. Sie folgten Kiki und Luca ins Nichts. Ins Nichts des endlosen, finsteren Tunnels, durch den sie jetzt Stunden hindurchrennen mussten.

Zum Glück hatten sie ihre Taschenlampen. Doch das war nur ein geringer Trost. Schon bald begannen ihre Lungen zu stechen, und Luca gab als Erste auf. Sie wollte schon stehen bleiben, als sie Schreie hörten. Scharfe Schreie, die aus der Tiefe hallten. Aus der Tiefe des Bergs. Wie Orca-Schreie aus dem Meer. Ja, Orcas, die Jagd auf Robben machen, dachte Davids kleine Schwester.

„Hast du das gehört?“, rief sie atemlos und entsetzt.

„Das wird verdammt knapp!“ David zog seine Schwester hinter sich her.
„Die Nitros kennen bestimmt eine Abkürzung!“, trieb Robin sie an, der in Windel und Mantel vor ihnen lief.
„Und sie sind verflucht schnell!“, schnaufte Luca noch einmal.
„Sie holen uns ein!“, bekam Kiki Angst, und dann blieben sie stehen.
„Nein. Sie haben uns längst! Sie sind vor uns, David!“
Vor ihnen sprang Mardi Gras aus einem Seiteneingang und versperrte ihnen trotzig den Weg.
„Hallo, ihr vier!“, lächelte sie überlegen, als Venice in den Tunnel schoss. Im Rücken der vier.
„Was machen wir jetzt?“, fragte Luca leise.
„Ich hab keine Ahnung!“, antwortete David und rang nach Atem.
„Aber die sind nur zu zweit.“
„Genau!“, fauchte Robin. „Und mich kriegen die nicht mehr. Die machen wir platt.“
Er marschierte mit David auf Mardi Gras zu. „Kommt, Kiki und Luca! Habt keine Angst!“
Sie gingen zu viert auf das Nitro-Girl zu.
„Wir machen sie fertig!“, sagte Luca zornig.
Da schnellte Mardi Gras nach rechts. Sie erreichte den Tunnelrand, ergriff einen Hebel, zog ihn nach unten, und als Luca, Kiki, David und Robin das Rauschen über sich vernahmen, war es zu spät. Sie schauten hoch. Eine Wolke aus Staub fiel auf sie herab und raubte ihnen den letzten Atem. Er machte sie blind, und deshalb konnten sie das Netz, das der Staubwolke folgte und sie begrub, schon gar nicht mehr sehen. Sie waren gefangen.

06 Die Falle schnappt zu

Angelina schrak aus dem Schlaf.
„Hey, was ist denn?“, stöhnte ihr Mann, der Vater von David und Luca, der neben ihr im VW-Bus schlief.
Doch Angelina gab keine Antwort. Da war er hellwach und sprang hinter ihr aus dem Bus auf den Rücken des Drachens.
Dort suchten sie Andalee, die Mutter von Kiki. Die kletterte gerade auf das Dach ihres Monster-Pick-ups und schaute sich um.
„Ist es Habicht, der angreift?“, wollte Angelo wissen, doch bevor Andalee antworten konnte, schüttelte Angelina den Kopf.
„Nein. Es ist etwas anderes“, zischte sie und rannte quer über den Kamm des Hügels, an Esszelt, Feuerstelle und Brunnen vorbei, Richtung Betten der Kinder. Sie passierte das leere Hochbett von Robin, erreichte das Nest von Kiki Lilou, das hinter ihm an der Felswand klebte, und sah, dass es leer war. Genau wie das Bett ihres Sohnes daneben. Sie stürmte zur Leiter, die zu Lucas Bett führte. Das war das höchste von allen.
„Luca! Wo bist du?“, rief sie besorgt, flog die Sprossen hinauf und starrte entsetzt in das Eisengesicht. Das Eisengesicht unter dem Federkranz.
„Psssst!“, zischte die Frau und hob den Finger zum Mund. „Wir haben Robin entführt!“ Sie warf einen kurzen Blick zu den beiden anderen Eltern. Und als die sich nicht rührten, lächelte sie. „Gut, so ist es brav. Denn, wenn ihr wissen wollt, was mit euren Kindern passiert, dann

bringt ihr das hier zum Pan." Sie zog eine fette, rotweiß gestreifte, raketenförmige Bombe hinter dem Rücken hervor. „Oder halt, nein. Bringt sie lieber zu Tinkabell. Das ist seine bessere Hälfte ..."
Sie musterte Angelinas verdutztes Gesicht.
„Sagt bloß nicht, ihr habt nicht gewusst, dass er verheiratet ist?" Sie grinste sie an. „Nun, da gibt es noch viel, was ihr lernen müsst. Bringt ihnen die Bombe und sagt ihnen, es gibt kein Zurück. Es geht um die Burg. Um die heilige Burg."
Sie reichte Angelina die Bombe, und als diese sie nahm, sprang sie vom Bett auf den Felsen, der sich dahinter erhob, und war spurlos verschwunden.
Angelo versuchte vergeblich, sie zu verfolgen, und als er zu den Frauen zurückkam, hatten die den VW-Bus schon startklar gemacht.
„Ich fahre zum Pan!", sagte Angelina entschlossen. „Das ist eine Gefahr, die wir bisher noch nicht kannten, und ich glaube, sie ist für unsere Kinder zu groß. Wir brauchen die Erlaubnis, ihnen helfen zu dürfen."

„Halleluja und Amen!", triumphierte der Polizist, der am Rande des Lagers hinter dem Felsen lag. Er duckte sich ganz flach auf den Stein. „Wenn das mal kein Bingo ist. Oder ein Jackpot." Calahan grinste über das ganze Gesicht. Er hatte den Befehl von Robins Vater befolgt. Er hatte die maskierte Frau wiedergefunden und war ihr bis auf den Drachenrücken gefolgt. Und dort, nur einen Steinwurf von Lucas Hochbett entfernt, hatte er ihr Gespräch mit Angelina belauscht. Jetzt wusste er alles, und mit diesem unheilvollen Wissen zog er sich heimlich zurück.

07 Eine Lüge, die stärker als eine Bombe ist

Kiki, David, Luca und Robin lagen kreuz und quer verknotet im Netz, und der Staub umschloss ihre Zungen, als hätte sie jemand mit Sand paniert. Sie husteten, spuckten. Sonst war es still. Dunkel und still.
Die beiden Nitromädchen waren verschwunden, und nach einigen endlos langen Minuten – oder waren es Stunden? – dachten die vier, dass es das war. Sie würden hier liegen bleiben und verdursten. Und irgendwann in hundert Jahren würde man sie als Mumien finden ...
Da kehrte Mardi Gras zurück. Ihr Hot Rod war lautlos wie ihre Boliden. Sie sahen ihn erst, bevor sie ihn hörten. Das Licht seiner Scheinwerfer zerriss die Dunkelheit und stach wie Messer in ihre Augen. Es blendete sie, und deshalb hörten sie nur, was passierte. Mardi Gras band das Netz an das Auto und zog es mit ihnen zusammen durch den Tunnel bis in die Nitro-Zirkushalle zurück.
Dort warteten Samba und Venice auf sie. Sie zerschnitten das Netz, zogen Kiki, David und Luca heraus und zerrten sie zum Karussell.
„Pass auf! Das tut weh!“, versuchte Kiki sich zu wehren, als Mardi Gras sie rücklings auf ein Holzpferd band.
„Sei du lieber froh, dass wir dich nicht auf ein Bobbycar setzen!“, zischte Samba zurück, die Luca an eine Kutsche fesselte.
„Oder dich, oder dich!“, drohte Venice David und Luca, während sie die Arme des Jungen um einen Pferdehals schlang, eine Seilschlinge über die Hände stülpte und sie rücksichtslos zusammenzog.

„Und was ist mit mir?“, fragte Robin plötzlich. Er war allein aus dem Netz geklettert und stand jetzt vor dem Karussell. Um ihn schien sich keiner kümmern zu wollen. „Werde ich nicht wie meine Freunde gefesselt?“

Da ertönte eine Stimme. Die Stimme einer erwachsenen Frau.

„Nein!“, sagte sie streng wie jemand, der keinen Widerspruch gewohnt war. „Mit dir haben wir etwas ganz anderes vor.“

Robin und seine Freunde schreckten herum. Sie sahen die Frau. Sie trat aus dem Schatten der Wagen ins gleißende Licht, das durch das riesige Fenster fiel. Sie schritt in das Rund der Zirkusmanege. Eine Silhouette, ein Schemen, um dessen Kopf ein Federkranz wiegte. Edelsteine funkelten auf ihrer Maske, und als sie sich umdrehte, leuchteten ihre dunklen Augen wie nachtschwarze Seen, in die man Sonnen geworfen hat. Fast schien es Robin, als lächelte sie. Dann kam sie langsam auf sie zu.

„Treibholzaalschleichiger Giftnatternzahn!“, hauchte Luca und zerrte vergeblich an ihren Fesseln.

„Kommt jetzt der Mama-Clown?“ Kiki versuchte ihre Angst hinter Spott zu verbergen und wurde sofort dafür bestraft.

„Nein. Das ist Monster-Mami!“, fauchte Venice sie an, und die Frau mit der Eisenmaske lachte darüber.

„Hör nicht auf sie!“, sagte sie amüsiert und kletterte auf ein Holzpferd, das mit ein paar anderen zusammen vor dem Karussell stand. Doch sie sprach nicht mit Kiki. Sie meinte Robin. „Die tun viel böser als sie sind.“ Sie fixierte den Jungen. „Aber warum kommst du nicht her und setzt dich zu mir. Jetzt wo du endlich zu Hause bist.“

„Wie bitte? Was?", entfuhr es Robin erschrocken.
Der letzte Satz der Frau packte sein Herz wie eine stählerne Kralle. Und auch David, Kiki und Luca spürten den Schreck, der ihre Rücken vereiste.
„Oh!", sagte die Frau, als wollte sie sich entschuldigen. „Ich hab mich noch gar nicht vorgestellt. Ich heiße Cheetah Savannah. Ich bin die Mutter dieser drei hübschen Mädchen."
„Du meinst diese Biester?", zischte Robin verächtlich, doch sein Hass prallte an der Frau auf dem Holzpferd ab. Sie zog die Maske von ihrem Gesicht, und sie war wunderschön.
So schön wie die Stiefmutter von Schneewittchen!, dachte Kiki. Sie spürte die Angst vor dieser Frau. Die hob eine Braue und fragte neugierig: „Hast du keine Mutter?"
Und obwohl diese Frage so harmlos klang, packte sie Robin ein zweites Mal. Die Kralle quetschte sein Herz, und Cheetahs Augen leuchteten auf, als sie den Schmerz des Jungen erkannte.
„Oh", sagte sie traurig. „Das tut mir leid. Denn dann weißt du auch nicht, was eine Mutter bereit ist, für ihre Kinder zu tun."
Sie warf einen kurzen Blick zu ihren Töchtern.
„Ich habe dem Pan eine Nachricht geschickt!" Sie lachte verschlagen, und die drei Mädchen jauchzten auf. Sie rannten lachend zu ihrer Mutter.
„Das ist nicht wahr!", rief Venice begeistert.
„Hast du ihn etwa darum gebeten ...?", freute sich Samba, und Mardi Gras fiel ihr ins Wort: „Hast du ihn darum gebeten, dass wir eine zweite Chance kriegen sollen?"

Sie jauchzten und lachten, und Cheetah erhob ihre Stimme.
„Ich hab ihn gebeten, dass wir gegen sie fahren dürfen. Ich meine euch, die V8. Und wenn wir euch schlagen, kommen wir in die Burg."
„Habt ihr das gehört?!", protestierte Luca erbost, und Robins Muskeln spannten sich an.
„Aha, jetzt versteh ich", spottete er. „Deshalb habt ihr mich entführt. Damit meine Freunde zu dritt sind und ihnen der zweite Fahrer fehlt."
Er strafte Cheetah mit Verachtung. Doch die schien sich keiner Schuld bewusst.
„Der zweite? Was meinst du damit? Nein, wir haben dich entführt, weil uns der erste Fahrer fehlt."
„Ha! Das kannst du vergessen!" Luca schüttelte lachend den Kopf. Sie schaute zu Robin, und der wehrte sich böse.
„Eher würde ich sterben!", schoss er Richtung Cheetah zurück.
„Was hab ich gesagt?!" Luca triumphierte noch einmal, doch Cheetah schreckte gar nichts ab. Sie stieg vom Pferd und ging auf ihn zu.
„Und was sagst du, wenn ich dich ganz höflich bitte? Wenn ich dich bitte, es für meine Mädchen zu tun? Für deine Schwestern?"
„Wie bitte? Was?" Robin starrte entsetzt auf die drei Mädchen, die ihrer Mutter tänzelnd folgten.
„Hallo, kleiner Bruder!", sangen sie und winkten ihm dabei zu.
„Ja", sagte Cheetah. „Deshalb bitte ich dich. Und dann noch, weil ich ..."
„Nein! Halt! Schweig!" Robin schrie auf. Er wich vor Cheetah zurück, aber die wurde sanft.

„Doch!“, sagte sie leise. „Weil ich es bin. Ich bin deine Mutter.“

„Nein“, stöhnte Robin – erschrocken, versteinert, sprachlos, entsetzt –, und Luca versuchte ihm zu helfen.

„Das glaube ich nicht!“, zischte sie böse verächtlich.

„Und ich glaube das auch nicht“, fügte David hämisch hinzu.

„Das ist eine Lüge!“, bestätigte Kiki und schaute zu Robin.

Der wurde jetzt zornig. Seitdem er ein Baby war, hatte er seine Mutter nicht mehr gesehen. Er sehnte sich nach ihr wie nach nichts anderem. Und er ließ es nicht zu, dass sich jemand wie diese Frau erdreistete, sie zu beleidigen. Sie zu beleidigen, indem sie behauptete, dass sie seine Mutter sei. Nein, seine Mutter war keine Hexe. Von ihr wurden keine Kinder entführt. Und er hatte auch keine drei Biester als Schwestern.

„Okay, ich verstehe“, sagte er kalt. „Ich verstehe immer besser. Und diesem Pierrot, der vor mir da war, habt ihr bestimmt dasselbe erzählt.“

Er schoss diesen letzten Satz ab wie einen Pfeil, einen vergifteten Pfeil, und er sah, wie er traf. Die Augen von Cheetah wurden ganz stumpf. Sie zuckten und bebten, und dann begannen Tränen darin zu glänzen. Er sah den Kampf von Trauer und Zorn und dann siegte der Zorn.

„Okay!“, sagte sie kalt. „Lasst sie alle frei!“

„Aber Mama!“, protestierten die Mädchen.

„Ihr habt gehört, was ich gesagt habe!“, Cheetah ließ keinen Widerspruch zu, und dann sah sie ungerührt zu, wie ihre Töchter die drei Gefangenen von ihren Fesseln befreiten.

„Komm!“, triumphierte Kiki, nahm Robin beim Arm, und dann eilte sie mit ihm, David und Luca Richtung Vorhang und Ausgang.
„Wir müssen hier raus, bevor sie es sich anders überlegen!“, trieb David zur Eile, und sie hatten den Vorhang gerade erreicht, da rief Cheetah noch einmal.
„Ich zwing dich zu nichts! Hörst du mich, Robin?!“
Und Robin blieb stehen.
„Ich zwing dich zu nichts. Aber bleib einfach hier. Nur ein oder zwei oder drei kurze Tage. Und wenn du dann immer noch an mir zweifelst, wenn du mich noch immer für eine Lügnerin hältst, kannst du gehen. Und wir verzichten auf das Rennen!“
„Hör nicht auf sie!“, warnte Luca erschrocken, als sie sah, wie ihr Freund zu zaudern begann. Wie er langsam zurück in die Halle ging, als zöge ihn eine teuflische Kraft. „Das ist alles gelogen!“
„Woher willst du das wissen?“ Robin sah Luca an wie eine Feindin.
„Weil sie dich entführt haben“, antwortete diese erschrocken.
„Sie haben dich in rosa Windeln gesteckt und mit einem Schnuller geknebelt. Das tun Schwestern nicht mit ihrem Bruder.“
„Doch!“, lachte Venice und stellte sich zwischen die beiden anderen Nitros. „Wenn wir seine Schwestern sind, muss er so etwas aushalten können.“
„Und es scheint ihm ja sogar gut zu gefallen!“ Samba grinste sie an, denn Robin kam Schritt für Schritt zu ihnen zurück. Es war so, als wäre er hypnotisiert.
„Was machst du da, Robin?“, fragte David entsetzt. Er griff Robins Arm. Doch der riss sich los.

„Lass mich. Nein. Habt ihr nicht gehört? Ich kann jederzeit gehen, und ich habe meine Mutter noch nie gesehen."

Er ging Richtung Cheetah. Er ließ seine Freunde einfach zurück, und Kiki Lilou explodierte:

„Und das wirst du auch nie. Hörst du mich, Robin?! Du wirst sie nie sehen. Ich meine deine Mutter. Du kannst sie nicht sehen. Du fällst nämlich nicht auf ihre Lügen herein! Ja, du bist eine Lügnerin!"

Sie schickte Cheetah einen tödlichen Blick.

„Du bist eine Hexe!"

Mit diesem Satz fuhr sie herum und floh mit David und Luca, die ihr ohnmächtig folgten, in den alten Eisenbahntunnel.

08 Der Clown hält sein Wort

Kiki rannte stundenlang. Sie rannte durch den dunklen Tunnel und wurde dabei von Gespenstern verfolgt. Gedankengespenstern. Die umflatterten sie wie Flederratten. Sie schrien sie an, kicherten böse, lachten sie aus und schlugen mit ihren Krallen nach ihren Haaren:
Robin, ha, Robin war euer Freund!
Sein Schwur ist nichts wert!
Er fährt bei den Nitros und damit seid ihr raus.
Ihr kommt nie in die Burg.
Ihr seid nur zu dritt!
Euch fehlt jetzt ein Fahrer!
Und manchmal sah sie die Gesichter der Ratten. Ihre Visagen. Sie sah Venice, Samba und Mardi Gras. Sie schossen wild um sie herum. Und sie sah Cheetah. Sie hörte ihr Lachen, das von den Wänden widerhallte: den Triumph ihrer List. Ihrer ganz großen Lüge. Und dann bäumte sich alles in Kiki auf.
„Robin, verflucht, wir sind deine Freunde! Bist du wirklich so blind? Und die anderen, diese Haifischclowns, und ihre hinterlistige böse Mutter haben dich nur mit ihren Lügen vergiftet! Ja, Gift, hörst du, Gift!“, schrie Kiki verzweifelt, und die Angst vor diesem Gift war wie ein Schock. Sie spürte keinen Schmerz und keine Erschöpfung. Sie rannte durch den Tunnel, erreichte das Tor, das immer noch aufstand, und sprang in Robins Elektroboliden. Sie fuhr schliddernd

davon, rammte einen Baum, einen Busch und eine Hecke aus Sträuchern – dornigen Sträuchern –, riss ihnen dabei die Blätter aus und verschwand dann im Wald.

Als sie das Lager auf dem Drachenrücken erreichte, war sie selbst ein fahrender Busch. Vom Boliden sah man nur noch die Räder. Sie hielt vor dem Schlafhügel wie ein bockender Esel, kämpfte sich aus dem Dickicht aus Zweigen, sprang aus dem Cockpit und lief den Hang hoch. Sie riss die Handschuhe von den Händen, zog das Staubtuch

von ihrem Gesicht, schleuderte den Helm gegen einen Felsen und setzte sich auf ihr Vogelschlafnest.

Dann starrte sie auf das Lager hinab. Dort standen Angelo und ihre Mutter. Sie standen vor dem Krakenzelt, in dem sie sonst immer zu Abend aßen, und sahen besorgt, wie David und Luca das Lager erreichten. Das Mädchen saß auf dem Heck des Wagens und schaute düster zu Kiki hinauf.

Die spürte jetzt endlich den Schmerz in der Lunge. Ihre Brust bebte. Die Hände zitterten vor Erschöpfung und ihre Zunge war ein trockener Schwamm. Sie fühlte die Tränen auf ihren Wangen, und so zischte sie heiser zu David hinab.

„Du bist schuld. Wegen dir ist Robin jetzt bei den Nitros und fällt auf ihre Lügen rein!"

Sie wandte sich an die Erwachsenen:

„Die Biester behaupten, sie sind seine Schwestern. Ha! Und seine Mutter! Ja, da ist eine Hexe, die das behauptet: dass sie seine Mutter ist."

David schaute beschämt zu Boden. Er konnte nichts sagen. Kiki hatte verflucht noch mal recht. Und die Schuld, die ihn traf, die jetzt auf ihm lastete, schien ihn zu erdrücken. Er las die Sorge im Gesicht seines Vaters.

Wo ist denn Mama?, dachte er kurz, und dann wusste er plötzlich, dass die Gefahr noch viel größer war. Viel größer, als dass Robin ein Nitro werden und sie, die V8, ein Rennen verlieren: dass sie auf den Bobbycars landen würden, in Windeln mit Schnullern. Nein, es ging um viel mehr.

Ja, denn zur selben Zeit, als David mit Luca ins Lager zurückkehrte, sprangen im Polizeirevier die Türflügel auf. Kojak und Grunz stießen sie wuchtig zur Seite und Habicht marschierte durch ihre Mitte. „Herr Bürgermeister!", rief er in den oberen Stock und ging zielstrebig zum Funkgerät. Dort schaltete er auf Freisprechanlage.
„Calahan, ist der Hippie schon da?"

Und Calahan grinste. Der ehrgeizige Polizist hatte seine Arme auf das Dach des Porsches gestützt, der sich hinter einer Hecke versteckte, und spähte durch sein Fernrohr am Blaulicht vorbei.
„Ja, sie kommt gerade an!" Er sah den bunt bemalten T1-VW-Bus, der hinter einer Mauer hielt. Aus dem sprang Davids Mutter heraus als Hippie verkleidet. „Und sie hat die Bombe."
Angelina sprang über die Mauer in den verwunschenen Garten und wog die Rakete in ihrer Hand. Die fast armlange, rotweiß gestreifte Rakete, die sie von Cheetah bekommen hatte.

Habicht lächelte mehr als zufrieden und schaute zu Robins Vater hinauf. Der erschien auf der Galerie des Büros.
„Ihr Clown hält sein Wort!", grinste Habicht verschlagen. „Er serviert sie uns alle auf dem ..."
Bevor er den Satz zu Ende sprach, wartete er auf den dicken Grunz. Der reichte ihm ein samtenes Kissen, auf dem ein entblätterter Schokokuss lag.
„Er serviert sie uns alle auf dem Silbertablett!", grinste Habicht und steckte sich die Süßigkeit vor Grunz' neidischen Augen in den Mund.

09 Du hast keine Ahnung, was du da tust

Angelina hatte keine Ahnung, dass sie beobachtet wurde. Sie sprang über die Mauer. Sie sah ein kleines Haus, das vollkommen mit Efeu überwuchert war und das sie nur deshalb als Haus erkannte, weil die einstmals rote Haustür durch die Blätter der Schlingpflanze schimmerte. Für einen kurzen Moment überlegte sie, ob das das Versteck des Pans sein könnte. Doch dann sah sie die Räder des Mustangs, der mit einer Plane bedeckt war, und das Gewächshaus dahinter. „Hey, Pan!“, rief sie und lief durch das wild wuchernde Gras. „Ich glaube, es wird Zeit, dass du einen Turbo an deinen Rasenmäher schraubst.“
Sie ging durch die offene Tür in das Gewächshaus und blieb überrascht stehen. Im hintersten Winkel sah sie den Pan. Der saß an einem riesigen Schreibtisch. Doch das war es nicht, was sie stutzen ließ. Angelina drehte sich einmal im Kreis. Das ganze Gewächshaus war eine Wohnung mit Sesseln und Bett und Badewanne. Doch dieses Wohnzimmer stand mitten im Dschungel. Über alles wuchsen die Pflanzen und Blumen, und im Wasser der Wanne schwammen Seerosen wie auf einem richtigen Teich.
„Wow. Ich glaube, ich heiße Tarzan und du bist die Jane!“, flüsterte die Mutter von David und Luca. Dann fixierte sie den Mann, der am Schreibtisch saß. Er wirkte müde und alt. Seine grauen Locken quollen unter einer abgewetzten Mütze hervor, und auch der Rest seiner Kleidung war eher die eines Penners als die des Gründers der Burg,

dem Hogwarts für Rennfahrer, der legendären Rennfahrerschule für Kinder.
„Ich glaube, ich spinne", schüttelte Angelina den Kopf und ging auf den alten Mann zu: „Sind dir schon Wurzeln aus den Füßen gewachsen?"
Sie knallte die Rakete auf den Tisch.
„Hier! Die ist für dich. Direkt von den Nitros. Die haben sich Robin und meine Kinder geschnappt."
„Das geht mich nichts an!" Der Pan sortierte kleine Bildchen. Bildchen von Autos und Kindern, die er sorgfältig in ein dickes Buch einklebte: *Die Chronik der Burg*, stand auf den Seiten.

„Wie bitte?“, fragte Davids Mutter. Der Pan schien sie nicht zu beachten. Er tat einfach so, als wäre sie nicht da. Da schnaufte die Mutter durch die Nase. „Okay. Wie du meinst. Aber es geht um die Burg“, zischte sie wütend und beugte sich vor, ganz nah an den Alten, und der wurde jetzt ernst. Er unterbrach seine Arbeit.

„Weil es um die Burg geht, lebe ich hier. Verstehst du das? Ich habe mich für sie hier vor Habicht versteckt, und der sollte das am besten niemals erfahren.“

„Aha! Ich verstehe.“ Angelina stieß sich vom Tisch ab. Sie schnappte nach Luft. „Genauso, wie niemand erfahren soll, dass du eine Frau hast und verheiratet bist? Hey, Frau vom Pan!“, rief sie in das Gewächshaus. „Die Bombe hat mir ein Clown gegeben. Ein sehr schräger Clown! Und der hat mir gesagt, dass du Tinkabell heißt.“ Jetzt sprang der Pan auf.

„Das reicht!“, herrschte er seine Besucherin an. „Nimm deine Bombe und verlasse mein Haus. Du hast überhaupt keine Ahnung, was du da tust!“

Angelina erschrak. Der Mann, der sich vor ihr auf den Schreibtisch stützte, war plötzlich kein Penner mehr, sondern ein Fürst. Er war wieder der Pan, und dem durfte man nicht widersprechen. Selbst wenn es ums eigene Leben ging oder um das seiner Kinder. Sie trotzte noch einmal. Sie strafte ihn mit ganzer Verachtung, dann lief sie zum Ausgang und ließ ihn und Cheetahs Bombe am Schreibtisch zurück. Sie erreichte die Tür. Sie wollte hier weg. Sie wollte nur noch zu ihren Kindern. Sie wusste noch nicht, dass sie zurückgekehrt waren ... da hörte sie eine Stimme.

„Halt!“, befahl sie, und als Angelina sich umdrehte, sah sie die Frau. Grauhaarig und zerbrechlich trat sie durch eine Tür, die Angelina bisher nicht gesehen hatte. Sie trug einen schäbigen alten Hut, und ihr Mantel war entweder von Motten zerfressen oder das Moos und die Flechten aus dem Gewächshaus hatten sich bereits darauf festgesetzt.

„Ich kenne nur einen Menschen, der mich so genannt hat. Tinkabell“, sagte sie mit brüchiger Stimme, die lange geschwiegen haben musste.

„Das spielt keine Rolle!“, fiel der Pan ihr ins Wort, doch die Frau trotzte der Autorität des Gründers der Burg.

„Und ob es das tut. Das war unsere Tochter!“, beharrte sie darauf, dass Angelina jetzt blieb, und die pfiff leise durch die Zähne.

„Heissassah Hui. Es beginnt, mir zu dämmern. Und da ich's jetzt weiß: Sie sah euch sehr ähnlich.“ Ihr wurde ganz kalt. Sie hatte eine dunkle Ahnung. „Aber jetzt sagt bitte nicht, dass es zu dieser verlorenen Tochter auch noch die passenden Enkelchen gibt.“

Sie zog das Feuerzeug aus der Tasche, lief zur Rakete am Schreibtisch zurück und zündete die Lunte. Ein Pfeifen ertönte, und das wurde lauter. So wie das Pfeifen der Bomben, die man aus Flugzeugen wirft. Ich sitze im Gewächshaus, und das ist aus Glas!, schoss es Angelina kurz durch den Kopf. Dann verstummte das Pfeifen, und mit einem Furz, der einer Wildsau zur Ehre gereicht hätte, flog der Raketenrumpf nach oben und ließ einen kleinen Beamer zurück. Der warf einen Lichtstrahl auf die blinden Glasfenster. Zirkusmusik ertönte und dann sahen alle den Film. Einen Film von den Nitros.

Sie sahen Mardi Gras, die ihren Hot Rod fuhr. Samba in ihrer Werkstatt. Venice, die einen Nitro-Song sang, und dazu hörten sie Cheetahs Stimme. Und die klang wie ein mit flüssigem Nugat überzogener Fliegenpilz:

„Hallo Omi und Opi. Erkennt ihr uns noch? Wir haben uns so lange nicht mehr gesehen. Vier lange Monate ist es her. Das da ist Mardi. Ich meine Mardi Gras. Ist sie nicht noch schneller geworden? Das ist Samba. Mit ihren Autos haben wir sechs Münzen gewonnen. Ja sechs. Uns fehlt nur noch eine. Und das da ist Venice, unser Promoter. Doch Pierrot, diese Ratte, hat uns alle verraten. Er hat uns gefesselt und eingesperrt. Er hat in unserem Namen gegen die Barakudas verloren, und das ist zum Teufel nicht gerecht. Deshalb bitten wir dich, lieber Opi und Papi, gib uns noch eine klitzekleine und einzige Chance. Ein winziges Rennen gegen V8. Das beste Team, das es außer uns gibt. Danach sind wir weg. Für immer und ewig. Oder du hast uns endlich bei dir in der Burg."

Die letzte Einstellung war ein Familienbild. Töchter und Mama winkten in die Kamera, und sie sahen dabei ganz unschuldig aus. Wie lebende Puppen aus einer Sonntagsschule, in der man Wörter wie ‚böse', ‚Lüge' oder ‚Verrat' noch nie gehört hatte, geschweige denn kannte. Dann erlosch der Projektor und die Musik starb.

Angelina schaute zum Pan. Sie sah seine vor Zorn funkelnden Augen. Sie sah Tinkabells in Rührung getauchten Blick, und im selben Moment überfiel sie eine unbeschreibliche Sorge. Sie sprang entsetzt auf:

„Ich glaube der kein Wort! Eure Tochter ist eine Lügnerin!"

10 Wenn Lügen zur Wahrheit werden

Robin hatte sich gewaschen und vom Staub befreit, und er trug wieder seine eigenen Kleider. Die rostfarbene Hose, das changierende Hemd aus blaulila Seide und darüber die Jacke aus weißem Leder. Die Cowboystiefel erdeten ihn. Sie gaben ihm Kraft. Kraft, die er brauchte. Denn die Sonne versank gerade hinter dem Berg. Zwielicht schlich in die Nitrohalle, und er stand allein zwischen den alten Zirkuswagen in der runden Manege. Glühbirnengirlanden tanzten um ihn herum und über ihm spannte sich ein glitzernder Fallschirm, als hätte jemand mit ihm als Netz die Sterne wie Träume vom Himmel gefangen.

Ja, das, was Robin hier gerade erlebte, war wie ein Traum. Ein Traum, aus dem man nicht aufwachen konnte. Nein, das war so nicht wahr. Robin wollte es nicht. Er wollte nicht aufwachen. Irgendetwas hielt ihn hier fest. Irgendetwas in dieser Welt, die ganz offensichtlich eine Mädchenwelt war, faszinierte ihn, zog ihn in ihren Bann oder schaffte es sogar, ihn zu hypnotisieren und ihm seinen freien Willen zu rauben. Doch obwohl Robin das wusste, blieb er freiwillig hier.

Langsam ging er zu dem Holzpferd vor dem Karussell. Auf dem hatte die Frau gesessen. Die mit der Maske. Die behauptet hatte, seine Mutter zu sein. Und plötzlich durchschoss ihn ein heißkalter Blitz. Plötzlich wusste er es. Das war nicht das erste Mal gewesen, dass er ihr begegnet war. Er hatte sie schon einmal gesehen. Im Spiegel

des Badezimmers im Haus seines Vaters. Am Morgen nach ihrem ersten Sieg gegen die Barakudas auf dem Galgenberg. Kurz bevor Habicht seinem Vater erklärt hatte, dass er zum Bürgermeister gewählt worden war. Kurz bevor er so schmerzhaft erkannt hatte, dass sein Vater ihn belog. Dass er ihm seine Liebe und den Stolz, den er für ihn empfand, nur vorspielte, um ihn als Köder zu benutzen. Als Köder für seine Freunde, ihre Eltern, den Pan und die Burg.
Robin erinnerte sich genau. Er erinnerte sich an den Schrecken, mit dem er den Schemen im Spiegel entdeckte. Aber er erinnerte sich auch an den Schmerz, den er empfand, als er wieder verschwand. Und mit diesem Gefühl ging er um das Holzpferd herum, nahm seinen

Kopf und streichelte ihn so zärtlich, als ob es sich um ein echtes Tier handeln würde.
Da hörte er Schritte, stolpernde Schritte, und als er aufsah, entdeckte er Cheetah. Sie stand auf der Treppe vor einem Wagen, in dem sie wohl wohnte, und beobachtete ihn. Doch als er sie sah, machte sie kehrt. Sie verschwand in der Tür, als würde sie sich dafür schämen. Schämen, dass sie ihn beobachtet hatte.
Oder war es sein Blick, der sie erschreckte, verletzte und wieder vertrieb. Der Blick, der sich gegen diesen wunderbaren Traum wehrte. Ja, denn das war die andere Seite in Robins Herzen: Robin fühlte sich mies. Wie ein feiger Verräter, der seine Freunde im Stich ließ. Und daran war nur Cheetah schuld. Die Frau, die behauptete, seine Mutter zu sein. Robin fühlte Hass und Verachtung. Er wollte die Nitrohalle sofort verlassen. Doch da kam Cheetah wieder zurück. Sie stand in der Tür. Sie schaute ihn an. Ganz ehrlich und offen, und diese Offenheit und Ehrlichkeit trotzten seiner Angst und dem Hass.

Zur selben Zeit streifte Kiki durch die riesige Werkstatt im Bauch des Drachen. Unter dem Drachenrücken. Die Sonne war untergegangen, und das flüssige Gold, mit dem ihr letztes Licht die Wände, Regale, Werkbänke oder Werkzeuge gerade noch überzogen hatte, war im Boden versickert. Zurück blieb der Rost als ernüchternde Farbe. Wenn Kiki den Amboss, einen Hammer, einen Schraubenschlüssel oder den Zylinderkopf eines Motors berührte, kam es ihr vor, als ginge sie durch einen Ausgrabungsort. Eine Ruine aus vergangener Zeit, mit der sie nichts mehr zu tun hatte. Ja, es war aus und vorbei. Und Luca, die

an der Seite auf einer Werkbank saß, dachte dasselbe: Es ist aus und vorbei.
Da betrat David die Werkstatt. Er kam durch das große Tor, hinter dem die Steppe, die sich an ihren Zufluchtsort, den Drachenrücken anschloss, im grauen Dämmerlicht verschwand. Die Nacht verschluckte die ganze Welt, und als wollte sich David dagegen wehren, brach er das Schweigen.
„Er hat es geschworen. Er hat geschworen, dass er uns niemals verlässt."
Er schaute von Kiki zu Luca und wieder zurück. Er hoffte, dass sie ihm recht geben würden.
„Und was ist, wenn er trotzdem da bleibt?", fuhr Kiki ihn an, und ihr Blick war nichts als ein einziger Vorwurf: Lass mich in Ruhe, David Michele. Denn du allein bist daran schuld!
„Dann ...", schluckte David die Beklemmung herunter, „dann muss der Pan das Rennen erlauben. Aber warum sollte er das? Warum sollte er auf eine Lügnerin hören?"
Er versuchte ein Lächeln, das ihm nicht gelang. Nein, es ging absolut schief, und Kiki rollte die Augen vor Trauer und Wut.

Auch im Gewächshaus war es dunkel geworden: dunkel und still. Manchmal glaubte Angelina, sie könnte den Efeu wachsen hören. Wie er sich von innen gegen die Glaswände stemmte und versuchte, sie nach außen zu drücken und platzen zu lassen. Doch obwohl Efeu durchaus die Kraft dazu besaß, war das eine Täuschung. Die einzigen Geräusche an diesem verwunschenen Ort waren das Knarzen des Stuhls, auf dem Tinkabell vor dem Schminkspiegel saß. Ja, und das Kratzen der alten Schreibfeder auf dem Papier des Briefes, den der Pan gerade schrieb. Er hatte schon drei dieser Schriftstücke verfasst und sie mit heißem Wachs und dem Abdruck seines Rings versiegelt. Dem Panring. Dem Siegel der Burg. Ein V8-Motor, auf dessen kreisrundem Luftfilter das Logo der Rennfahrerschule für Kinder eingraviert war. Das Logo, das bisher für Ehrlichkeit stand, für Gleichheit und Gerechtigkeit und das sich in diesen endlosen Minuten in ein Zeichen der Lüge verwandelte. Einer Lüge, die die Welt auf den Kopf stellen wollte.

Angelina war immer noch fassungslos. Wie konnte der Pan seiner Tochter glauben? Wie konnte er dulden, dass sie Robin entführte und Kiki und ihre Kinder fing? Wie konnte er alle Regeln der Burg ignorieren und den Nitros eine zweite Chance einräumen, nur weil sie seine Enkel waren? Das war absolut unfair, ungerecht und gemein. Und dazu noch gefährlich. Nein, mehr als gefährlich. Deshalb hielt Angelina es nicht länger aus. Bei allem Respekt vor dem Pan, dem Gründer der Burg. Sie musste versuchen, ihn aufzuhalten.

„Wenn du das tust“, sagte sie vorwurfsvoll. „Wenn du diese Briefe da abschickst, wirst du selbst zum Verräter. Dann brichst du alle Regeln der Burg!“

Doch der Pan schwieg. Auch wenn sich sein Blick dabei verfinsterte. Er war es nicht gewohnt, dass man sich ihm widersetzte, und Tinkabell warnte Angelina: „Pass auf, was du sagst. Er ist der Pan. Und das heißt nichts anderes als: Er ist die Regel. Er darf deshalb tun und lassen, was er will.“

Angelina schaute zur Frau, die hinter ihr vor dem Spiegel saß. Die fuhr sich mit einem Lappen über die Wangen und wischte sich mit den Falten, die offenbar nur aufgeschminkt waren, das trübe Alter aus dem Gesicht.

„Aber das ist doch Willkür!“, erschrak Angelina. „Das tut ein Despot, ein Tyrann oder jemand ...“, ihre Stimme wurde jetzt lauter, „der bestechlich ist oder korrupt.“

„Hüte deine Zunge!“, wiederholte Tinkabell ihre Warnung und zog sich die grauen Wimpern von den Lidern. Die echten darunter waren schwarz.

„Okay, ich verstehe!“ Angelina konnte ihre Wut kaum noch beherrschen. „Aber selbst wenn eure Tochter die Unschuld vom Land ist: Da draußen wimmelt es von Polizei. Es ist absolut hirnrissig, ein Rennen zu starten.“

Da ließ der Pan seine Schreibfeder fallen. „Dann war der Verrat an den Nitros okay?“, fragte er aufgebracht. „Dann haben sie es nicht verdient, eine zweite Chance zu bekommen? Was würdest du tun, wenn das deinen Kindern passiert wäre? Wenn man ihnen so kurz vor dem Ziel ihren Traum zerstört hätte wie nichts?“ Er schnippte verächtlich mit den Fingern. „Den Nitros fehlte nur noch eine Münze. Ein einziger Sieg.“

„Aber ein Rennen ist Wahnsinn.“ Angelina sprang auf. „Und erst recht in zwei Tagen. Habichts Männer sind überall, und falls sie nur einen Wink bekommen, ist es aus mit der Burg. Aus und vorbei. Verstehst du nicht, Pan? Die Sache stinkt. Sie stinkt mehr als gewaltig, und wenn du das Mitleid für deine drei Enkelkinder für einen Moment

vergessen könntest, würdest du das auch erkennen. Das ist eine Falle. Eine ganz miese Falle."

Da erhob sich der Pan. Sein Blick wurde noch finsterer, und er atmete schwer: „Ich hab dich gewarnt!", sagte er drohend und laut. „Doch du bist gekommen. Du hast die Bombe gebracht, und sie wurde gezündet. Jetzt ist es zu spät." Damit nahm er das Wachs mit zitternden Fingern, träufelte es auf den letzten Brief und drückte den Ring mit dem Siegel darauf. „Jetzt ist es zu spät!", wiederholte er bebend, und Angelina senkte den Blick. Sie fühlte die Mitschuld, die sie trug, und mit dieser Schuld griff die Stille nach dem Gewächshaus, auf dessen Dach ein Schild angebracht war.

„Friedhof der Burg“, las Calahan grinsend draußen in seinem Versteck die Schrift auf dem Schild.

Doch er hörte Tinkabell nicht. Die widersprach ihrem Mann: „Nein. Es ist nicht zu spät. Es war höchste Zeit. Ein Traum, der sich versteckt, stirbt einen langsamen Tod. Und wir waren schon viel zu lange lebendig begraben.“
Mit diesen Worten zog sie die graue Perücke vom Kopf und befreite die schwarzen Locken, die darunter verborgen waren. Die fielen wie ein Wasserfall bis zu ihren Hüften hinab, die jetzt nicht mehr in einem modrigen Mantel, sondern in einem schwarzen Cocktailkleid steckten. Stolz und atemberaubend schön schritt sie an Angelina vorbei, ging zum Schreibtisch des Pans und hob fordernd die Hand.
„Ich werde die Briefe selbst besorgen.“
Sie nahm die vier Schriftstücke und ging entschlossen zum Ausgang.
„Aber da ist etwas faul. Du kannst ihr nicht trauen!“ Angelina machte einen letzten Versuch und stellte sich Tinkabell in den Weg. „Sie haben Robin entführt.“
„Dann liegt es an ihm!“, antwortete die Frau des Pans trocken. „Er ist Teil unseres Traums, und so wie er sich entscheidet, entscheidet er über das Schicksal der Burg.“
Sie drängte Angelina aus dem Weg. Sie zog einen Schleier von der Garderobe, schlang ihn sich um die wilde Mähne und ging in den Garten hinaus. Dort zog sie die Plane vom Mustang des Pans und fuhr in dem knallroten Auto davon, als gehörte die Nacht und die Dunkelheit ihr.

11 Der Köder für Robin

Der nächste Morgen fühlte sich für Robin schon viel besser an. Er wohnte inzwischen in einem eigenen Zirkuswagen mit einem riesigen weichen Bett und einer wunderbaren Dusche. Die Kleidung, seine Kleidung, hatte jemand über Nacht gewaschen. Sie roch jetzt nach Frühling. Wie ein neuer Beginn. Wie ein erster lauwarmer Wind, der einem durch die Haare fährt, wenn man den Boliden ohne Helm zum Rennstart fährt. Robin fühlte sich gut, und er hörte die Stimmen der Mädchen aus der Tiefe der Halle.

Er durchquerte die Manege, passierte den Wagen von Cheetah und das Karussell mit den Holzpferden und erreichte das Rund mit der Stahlumrandung. In dem hatten sich seine Freunde versteckt, als sie ihn befreien wollten. Er las das große Jahrmarkts-Billboard: „The Nitro-Freaks. The Fastest Show on Earth“, und entdeckte die Werkstatt dahinter.

Venice stand da, in einem glitzernden Seiltänzerkleidchen, und lehnte sich verführerisch an einen der Bisons: der Hot Rod der Nitros.

„Na, komm schon. Komm her!“, bat sie den Jungen. „Schau es dir an. Das ist noch unser altes Auto.“

„Ach, vergiss diesen Traktor!“, schnaubte Samba verächtlich und kroch unter dem anderen Boliden hervor. Auch sie trug ein glitzerndes Zirkuskostüm. „Das ist ein lahmes Rhinozeros.“

„Aber es war schnell genug, um deinen Freund abzuhängen.“ Mardi

Gras trug schon ihren Rennoverall. Den silbernen Anzug und den rosa Harnisch, der ihre Brust und den Rücken schützte. „Doch jetzt kommt das Pferdchen mit dem Herzschrittmacher." Sie ging zu dem Auto, an dem Samba arbeitete, und strich verzaubert über die Karosserie. „Na, komm schon, Samba. Tu mir einen Gefallen. Verrate unserem Bruder deine Geheimnisse. Zeig ihm, was hier unter der Haube steckt."
Sie klopfte auf den Kühler in Form eines Clownsmauls und schaute listig zu Robin hinüber. Der kam neugierig näher.
„Also gut!", grinste Samba und ging zum Motor des Hot Rods. „Die Elektromotoren waren bisher nur ein Test. Ich wollte die größtmögliche Leistung erzielen. Doch jetzt wird es ernst. Jetzt riecht es wieder nach Benzin."
„Das wurde auch ernst!", lachte Mardi begeistert. Sie musterte Robin. Der stand jetzt vor dem neuen Boliden und platzte vor Neugier.
„Ja, und deshalb hab ich mir in den letzten drei Wochen was einfallen lassen." Samba schaute den Jungen erwartungsvoll an. Aber der blieb ganz cool. Er blieb ein V8ler.
„Was ist daran neu?", fragte er von oben herab. „Du hast die Elektromotoren mit den Rädern gekoppelt. So laden sie sich von selbst wieder auf. An Bremsen und Achsen. Das hat Kiki auch."
Samba und Mardi Gras wechselten zwei heimliche Blicke.
„Aber ich hab sie nicht nur mit den Bremsen verbunden", lächelte die Mechanikerin. „Hier, siehst du die Kabel?" Sie fasste mit der Hand auf einen der vier verchromten Kabelbäume und strich mit der Hand darüber. „Die führen direkt zur Lachgaseinspritzung des 80-PS-Vier-Zylinder-Motors."

„Nitro und Strom. Das kann ja nur brizzeln“, hauchte Venice im Hintergrund, und Robin konnte sein Staunen kaum noch hinter seiner Coolness verbergen.

„Ich kann's kaum erwarten. Ich probier's sofort aus!“ Mardi Gras sprang ins Cockpit.

„Und was ist mit dir?“, fragte Cheetah Savannah. Sie stand urplötzlich hinter ihm, als hätte sie Robin nie aus den Augen gelassen. Sie bot ihm einen petrolgelben Rennanzug an. Einen Rennanzug, wie ihn die Nitros bis zu ihrer Niederlage gegen die Barakudas in der Höhle des Löwen getragen hatten. „Der müsste dir passen“, lächelte sie, und Robin spürte die Blicke der Mädchen. Er spürte ihre Hoffnung, dass er das Angebot annehmen würde. Doch sein Argwohn war größer.

„Der fällt nämlich nicht auf eure Lügen rein!“, hörte er Kikis Stimme in seinem Kopf, und er schaute den Anzug hasserfüllt an.

„Ist der von Pierrot?“, fragte er mit heiserer Stimme. „Der war ein Verräter. Ein mieser Verräter.“

Er drehte sich um. Er lehnte Cheetahs Angebot ab und ging aus der Werkstatt.

12 Mardi Gras tanzt

Doch Robin konnte nicht widerstehen. Er wollte verschwinden. Er ging schon zum Vorhang, der den Eingang des Tunnels verschloss. Den Eingang des Tunnels, der ihn durch den Berg und zu seinen Freunden zurückführen würde. Zu seinen wirklichen Freunden. Zu David, Luca und Kiki Lilou. Dann wäre dieser Albtraum vorbei. Oder halt, nein. Das war gar kein Albtraum. Das war ein Traum, den er mochte. Und gerade, als seine Finger den schweren und blutroten Samt berührten, gerade als sie die Stelle fanden, an der der Vorhang sich teilte, röhrte hinter ihm der Bison auf.

Mardi Gras drückte das Gaspedal durch. Ihre dunkle Haut leuchtete, und in ihren schwarzen Augen explodierte ein Feuerwerk, als sie den Hot Rod auf das Startkarree fuhr. Ein ochsenblutrotes Viereck, das, gerade einmal so groß wie das Auto, auf dem Asphaltboden der Halle gemalt worden war. Davor befand sich die Startlinie, und neben dem Hinterrad hing auf Oberkante des Reifens ein Glöckchen, das das Zielsignal war.

„Gefällt dir das, Robin?“, grinste das Mädchen. „Wirst du langsam nervös?“ Und Robin konnte sich nicht wehren. Er kehrte zu den Mädchen zurück, zu Samba und Venice, die sich mit ihrer Mutter vor der Werkstatt aufstellten. Vor dem Billboard der Nitro-Freak-Show.

„Der Rundenrekord liegt bei 37,8“, empfing ihn Venice, als hätte er niemals versucht zu gehen.

„Doch der ist jetzt Geschichte!“ Samba, die Mechanikerin, lief ein paar Schritte nach vorn und Mardi Gras, die bereits den Helm mit der pinken Löwenmähne trug, schloss das Visier. Sie setzte die Maske mit dem Haifischmaul auf.

Dann gab sie Gas und zündete gleichzeitig die Elektromotoren. Das Brüllen des Hot Rods vermischte sich mit einem hellen Düsenjetpfeifen. Ein Funkenkometenschweif schoss aus den Rohren am Heck. Funken, die selbst noch einmal schwarz explodierten. Die Räder des Hot Rods drehten kurz durch. Sie fanden den Grip auf dem rauen Asphalt, und dann schoss der Bison wie eine Kugel davon. Von null auf Höchstgeschwindigkeit in 6,2 Sekunden. Und das war die erste Zwischenzeit, die Mardi Gras' alte Bestmarke um eine halbe Sekunde unterbot.

„Das ist der Britzel. Ich meine, meine Elektronen-geboosterte-Lachgaseinspritzung“, lachte Samba begeistert und lief dabei ein paar Schritte nach links, um die Fahrt ihrer Schwester besser verfolgen zu können.

„Und der hat mindestens 150 PS!“, hauchte Venice verführerisch, bevor sie der Mechanikerin folgte.

Robin schaute beeindruckt zum Feuer speienden Bison. Der erreichte die Betten der Mädchen und raste zwischen ihnen und dem Kleiderschrank einfach hindurch. Die Rennstrecke der Nitros führte durch ihre Wohnung. Robin wischte sich mit dem Ärmel übers Gesicht. Das war verflixt so, als würde Sebastian Vettel auf dem Nürburgring wohnen. Und das war mehr als ein Traum. Das war wie ein Himmel, der aus einem Motor bestand.

Aus einem die ganze Milchstraße erbeben lassenden fetten V8, so wie er in einem Muscle-Car steckte.

„Und jetzt zeig es uns, Mardi!", feuerte Venice Mardi Gras an.

„Tanz die Ballons!", tat Samba dasselbe, und Venice schenkte Robin einen heimlichen Blick.

„Zeig ihnen, wie Mädchen Auto fahren."

Der Bison schoss aus der Startgeraden in die erste Kurve hinein. Ein 180-Grad-Slide vor dem riesigen Fenster, und mit einem Stachel am Heck ihres Autos ließ Mardi Gras die Ballons zerplatzen. Die hatten die Mädchen dort aufgehängt.

„Sie muss sie alle erwischen!", rief Samba zu Robin, und der sah die Wolken aus farbigem Pulver. Alle fünf Ballons zerplatzten zu weiß-roten Wolken.
„Ja! Und jetzt in den Donut!" Venice tanzte vor Freude. „Umkreise den Stern! Tanze zweimal um ihn herum!"
Und als wäre es ein Kinderspiel, schoss Mardi Gras aus der Kurve in die Manege, die sich im Herzen der Halle zwischen den alten Zirkuswagen befand. Dort glitt sie im Kreis um einen blutroten Ball, umrundete zweimal den blutroten Stern, auf dem der Ball stand, und raste mit neuer Bestzeit durch die schmale Öffnung in der Manegenumrandung, ohne die auch nur zu berühren.
„15,4!", las Samba die neue Zwischenzeit. „Mardi, du bist noch einmal schneller geworden!"
Doch Mardi war schon beim nächsten Stunt. Sie nahm Kurs auf die Rampe. Sie schaltete einen Gang zurück. Sie drückte das Gas bis zum Anschlag durch, spürte, wie die Räder selbst bei dieser Geschwindigkeit noch einmal durchdrehten, aufschrien und Rauchfahnen spuckten. Sie fixierte den Feuerreifen über dem Graben, umfasste das Lenkrad und sprang durch das Feuer auf das Podest.
„Spring durch das Feuer!"
„Tanze in ihm!"
„Und reite den Blitz hinauf zu den Sternen!"
Das sangen die Schwestern und liefen dabei um das Billboard herum, um Mardi Gras besser sehen zu können.
„Und sieh doch die Zeiten!", rief Samba zu Venice.
„20,8! Sie ist eine Sekunde schneller. Eine ganze Sekunde!" antwor-

tete Venice begeistert und musterte Robin. Ja, und so sehr der auch versuchte, cool und unbeteiligt zu wirken, er konnte seine Bewunderung nicht mehr vor den Mädchen verbergen. Dafür fuhr Mardi Gras einfach zu gut.

„Und wenn sie jetzt alle sechs Kegel umwirft ...", rief Samba zu Robin.

„Wenn sie keinen von ihnen stehen lässt", fiel ihr Venice ins Wort, „dann ist das ein neuer Rundenrekord!"

„Nein, dann fährt sie ab heute in einer neuen Dimension!"

Die beiden Mädchen liefen wieder nach vorn, um dem Ziel so nah wie möglich zu sein. Auf das glitt ihre Schwester jetzt in einer S-Kurve zu. Die Reifen qualmten und quietschten auf dem Asphalt, und Robin spürte, wie sich seine Finger verkrampften. Er fuhr längst mit Mardi mit, und er spürte die Kraft, die sie aufbringen musste, um ihr Auto in der Spur zu halten. Um es im Scheitelpunkt der Kurve in die andere Richtung zu zwingen. Er spürte die Kraft, die dazu notwendig war, und die absolute Konzentration, mit der sie den richtigen Zeitpunkt fand, um den zweiten Bogen des S zu beginnen. Den zweiten Bogen, bei dem sie mit dem äußeren Hinterrad die Kegel umpurzeln ließ. Drei in der ersten Kurve und drei in der zweiten. Aber Venice fuhr so, als wäre keine Anstrengung nötig. Alles sah so leicht aus, als würde sie tanzen. Sie kickte alle sechs Kegel weg, erreichte das Startkarree und touchierte das Glöckchen.

„36,4!", triumphierte Samba, und Venice umarmte die jüngere Schwester.

„Deine Autos sind überirdisch!"

Robin sah ihren Jubel, und er konnte nicht anders. Er freute sich mit ihnen. Er freute sich mit ihnen, auch wenn er es nicht zeigte. Und er zeigte es nicht, weil er es auf keinen Fall wollte. Die Nitros waren nicht sein Team. Er war kein Verräter.

Da hörte er Mardi. Die Fahrerin stieg aus dem Hot Rod und setzte ihre Maske ab.

„Hey, Brüderchen!", strahlte sie ihn ganz offen an. „Juckt es dich nicht? Willst du das Pferdchen nicht auch mal reiten?"

„Ja, wir sind deine Schwestern!", flüsterte Venice leise, und Robin erschrak.

Er erschrak vor sich selbst, und bevor er den Grund dafür erkannte, trat Cheetah wieder neben ihn.

„Wir sind deine Familie. Und wir teilen gern. Mardi Gras ist 1,4 Sekunden schneller gefahren ..."

„... als der alte Rundenrekord!", fügte Samba hinzu, und Cheetah bot Robin den Rennanzug an. Den Anzug, der einst Pierrot gehört hatte. Pierrot, dem Verräter.

„Na, komm schon. Du willst es", flüsterte Venice hypnotisierend und Robin wusste: Sie hatte recht.

Er kämpfte mit sich. Was sollte er tun? Er war hier, um herauszufinden, zu wem er gehörte. Und er konnte jederzeit gehen. Also könnte er auch gehen, nachdem er den Hot Rod gefahren war. Er könnte ihn testen und Kiki dann helfen, ein Auto zu bauen, das noch besser war. Also holte er Luft.

„Okay", sagte er. „Aber wenn ich den fahre, fahre ich ihn nicht als Nitro. Dann fahre ich ihn als der, der ich bin."

Er ließ Cheetah mit dem Rennanzug stehen, griff sich den erstbesten

Helm, den er finden konnte – einen alten zerkratzten Motocrosshelm – und lief dann zum Bison. Er fühlte sich gut. Er fühlte sich so, als ob er das Richtige tat. Doch er sah dabei nicht das Lächeln, das in diesem Moment um die Mundwinkel der drei Mädchen und ihrer Mutter huschte.

13 Besser als Mädchen

Robin fühlte sich gut: „Ich fahr den Bison, als der, der ich bin." Dieser Satz machte ihn stark. Er ließ ihn wachsen, und das schien seine angeblichen Schwestern sehr zu beeindrucken. Er erreichte den Hot Rod und setzte den Helm auf.

„Ist der nicht schnuckelig?", hauchte Venice verliebt und Mardi Gras gab ihr recht.

„Wenn der nicht mein Bruder wäre, dann ... Oh, verflixt, autsch!" Sambas Ellenbogenstoß ließ sie verstummen.

„Passt auf, was ihr sagt. Ich bin gerade mal zwölf", zischte sie drohend, um dann ganz frech zu grinsen: „Aber ich könnte ihn fressen."

„Ja, doch wenn er gefahren ist, frisst er uns aus der Hand", flüsterte Venice triumphierend und suchte den Blick ihrer Mutter, die Robin nicht aus den Augen ließ. Der saß schon im Bison und machte sich dort mit den Armaturen vertraut. „Dann gehört er zu uns. Das tut er doch, Mama?"

Cheetah nickte unheilvoll ernst, und Robin, der das instinktiv spürte, schaute auf. Als wäre er gewarnt. Er überlegte schon, ob er aussteigen sollte. Da rief Mardi Gras:

„Hey, Brüderchen! Für jeden Pylon, den du stehen lässt, gibt's 'ne Sekunde oben drauf. Das Gleiche gilt für die Ballons."

Robin hörte und sah ihr herausforderndes Lachen, und der nächste Satz, den Venice ihm zuwarf, ließ ihn alle Bedenken vergessen.

„Los, zeig es uns. Beweis uns, dass du besser als ein Mädchen bist!"

„Okay. Wie ihr wollt!" Robin zögerte keine Sekunde. Er nahm die Herausforderung nur zu gern an. Zu oft hatten ihn die drei Mädchen gedemütigt. Und dafür sollten sie jetzt bezahlen. Er schloss seine Augen. Er konzentrierte sich auf den Parcours. Er machte das so, wie er es mit David trainiert hatte, als er mit verbundenen Augen die Gokartrennpiste hinabgerast war:

Er sah die Gerade zwischen den Betten der Mädchen. Er sah die Ballons in der ersten Kurve. Er maß den Abstand zwischen ihnen, genauso wie den Eintrittswinkel danach, mit dem er in die Manege und den Donut hineinsliden musste. Danach kam die erste S-Kurve zwischen den Säulen. Der Anlauf für die Rampe. Die Höhe, Tiefe und Breite des Grabens, der unter dem großen Feuerring klaffte. Er stellte sich vor, wie er durch ihn hindurchsprang, und erkannte dabei, dass er schon beim Landen auf der Plattform dahinter in einen erneuten Slide gehen musste, um die Abfahrt in die Halle wieder richtig zu treffen. Aber auch die durfte er nicht fahren. Auch die musste er sliden, und dann hatte er dreißig Meter freie Fahrt. Dort musste er Gas geben, volles Rohr, damit er für die zweite S-Kurve schnell genug war. Die S-Kurve mit den Pylonen, den Kegeln, die er alle sechs mit dem Hinterrad umkicken musste.

„Yeah!", raunte Robin, als er am Ende seines gedachten Rennens das Zielglöckchen auf dem Karree berührte. „Und jetzt muss ich nur noch den richtigen Zeitpunkt für die Turbozündung erwischen. Auf jeden Fall ist der Start für mich falsch. Ich fahre die Strecke zum ersten Mal.

Ich kenne sie nicht so wie Mardi Gras, und deshalb ist der Turbo mein Joker." Er nickte, um sich Mut zu machen. „Genau. Der Joker wird das Rennen entscheiden. Und die Entscheidung für den Joker trifft deine Intuition. Vertraue dir selbst!"

Er drückte den Startknopf und berührte das Gas. Er streichelte es mit der Stiefelsohle und spürte sofort, wie der Bison gehorchte. Er schnurrte und röhrte bei jeder Berührung, und Robin konnte sich nicht mehr wehren. Er schaute bewundernd zu Samba hinüber, die neben der Stoppuhr vor dem Billboard stand. Die Nitro-Mechanikerin hatte ganze Arbeit geleistet, und die stand der von Kiki Lilou in keiner Weise etwas nach. Er sah das Lächeln in Sambas Augen, in ihren riesigen Bambi-Augen. Er umfasste den Schaltknauf, drückte die Kupplung, legte den Gang ein und trat aufs Gas.

Der Hot Rod schoss los. Robin drückte es in den Sitz, und er sah die Glühbirnengirlanden zu Streifen verschwimmen. Er raste zwischen den Betten hindurch, und er hörte die Stimmen der Mädchen von weit, weit her wie in einem Traum.

„6,4."

„Nur zwei Zehntel langsamer als du, Mardi Gras!"

„Und das ohne Turbo."

„Der Kerl macht mich kirre. Ich werde verrückt!" Venice, die Promoterin, griff die Hände ihrer Schwestern und zog sie nach rechts auf ein kleines Podest. Von dort konnten sie die Ballons besser sehen.

„Ja, lass sie alle zerplatzen!", rief Mardi Gras, als wünschte sie sich, dass Robin gewann. Dass er sie besiegte.

Und Robin war gut. Er traf den Winkel genau. Er glitt wie auf Eis in die

erste Kurve hinein und hörte das Platzen. Fünfmal stoben die Farbwolken um ihn in die Luft.
„Er hat alle erwischt!“ Samba sprang hoch. „Und jetzt in den Donut. Du musst zweimal im Kreis um den Ball in der Mitte.“
Und Robin gab Gas. Für einen kurzen Moment zwischen der Kurve mit den Ballons und der Zirkusmanege. Dann schlüpfte er durch das schmale Loch der Umrandung, riss das Lenkrad herum, das wie festgeschweißt war. Er spürte die Schweißtropfen unter dem Helm, die ihm in die Augen liefen. Doch er hielt den Bison fest. Er ritt ihn jetzt zu. Er ließ sich nicht abwerfen.
„Schau doch, wie er auf Schienen fährt!“, staunten die Mädchen, und Samba las die Zwischenzeit.
„15,7! Mardi, du hattest 15,4. Das heißt, er hat eine Zehntelsekunde gutgemacht.“
„Er fährt besser als du!“, rief Venice begeistert, und Mardi Gras, die schon mit den beiden anderen um das Billboard herum zur Rampe rannte, feuerte Robin sogar an:
„Ja, und wenn du den Turbo zündest, holst du mich ein.“
Robin kam aus dem Donut und fluchte, weil sein Hinterrad die Umrandung der Manege berührte. Das war ein Fehler! Doch die Zeit, die Samba ihm zurief, war trotzdem noch gut. Er konzentrierte sich wieder. Die S-Kurve vor der Rampe nahm er perfekt, und nach der Anstrengung beim Slide um den roten Ball kam es ihm vor, als hätte der Hot Rod jetzt eine Servolenkung. Er flog buchstäblich über die Piste, und seine Gedanken flogen ihm voraus. Die Intuition übernahm jetzt das Steuer, und Robin schaute sich selber zu. Er sah, wie er den

Turboknopf drückte. Er spürte den Schub. Die Räder drehten bei Vollspeed durch. Der Kometenschweif schoss aus dem Auspuff am Heck, und während die Funken noch einmal selbst explodierten, sprang er wie eine Sternschnuppe durch den brennenden Ring.

„Ich glaube, ich träume!", staunte Mardi Gras, und Samba packte sie und Venice.

„Nur dass dein Traum heute Wirklichkeit wird. Seine Zwischenzeit ist 20,7. Er ist eine Zehntelsekunde schneller als du." Sie führte die Mädchen um das Billboard, um Robins Zieleinfahrt sehen zu können.

„Robin V. Acht ist schneller als du."

„Und er ist mein Bruder!", rief Venice verliebt und sah Robin in die S-Kurve fahren. Die S-Kurve mit den sechs Pylonen.

Robin gab Gas. Er war sich ganz sicher, dass er es schaffte. Er glitt durch die erste Kurve hindurch und hörte drei hölzerne, willkommene Schläge, mit denen sein Hinterrad die Kegel traf. Die ersten drei Kegel der ersten Kurve. Danach holte er Schwung. Er riss das Lenkrad herum. Die Lenkung schien sich dagegen zu wehren. Doch Robin war stärker. Er riss die Vorderräder aus der Starre des Slides und den Bison damit in die zweite Kurve. Dann klackte es zweimal. Nicht dreimal, nur zweimal. Zwei der Pylone flogen am Bison vorbei und prallten gegen die Wand

der Halle. Dann stand er schon still und das Glöckchen ertönte.
Ein Pylon!, schoss es ihm durch den Kopf: Ein Pylon ist stehen geblieben.
Er schaute zur Stoppuhr, die die Mädchen verdeckten.
Ein Pylon heißt eine Sekunde, und bei der letzten Zwischenzeit, lagst du gerade mal eine Zehntel vorn. Du hast es versaut. Du hast dich blamiert. Die Nitros sind besser. Du hast, verflixt noch mal, gegen ein Mädchen verloren.
Und dann erinnerte sich Robin. Es war der zweite Tag der Ferien. Er hatte gerade die Münze bekommen. Die magische Münze auf der Brücke am Fluss. Das Rennteam V8 gab es noch nicht, und er hatte noch nie etwas von der Burg gehört. Der einzige Weg, Rennfahrer zu werden, war deshalb, dass er entdeckt werden würde. Von einem Talentscout. Und sein Vater hatte es ihm ermöglicht. Robin war auf der Kartbahn gewesen, auf der Straße des Ruhms, und er war einen Test vor dem Scout gefahren. Dem Scout von Red Bull. Doch der wurde Zeuge seines Scheiterns, wie er den Grip in der Kurve verlor und danach in die Reifenumrandung prallte. Robin sah seinen Vater, als passierte es jetzt, und er hörte ihn sagen: „Wenn du weinen willst, geh woanders hin. Mein Sohn ist ein Sieger."
Ja, siegen, gewinnen, danach sehnte sich Robin, als er jetzt hier in der Halle der Nitros im Hot Rod saß. Er sehnte sich nach nichts anderem. Gewinnen und siegen. Und er wollte nie wieder in seinem Leben zu seinem Vater zurück.

14 Die Macht der Versuchung

Robin saß noch immer im Bison. Er hielt das Lenkrad fest umklammert und starrte einfach ins Leere der Halle, als die Mädchen vorm Auto erschienen. Sie tanzten lachend um den Hot Rod herum, packten ihn bei den Armen, zerrten ihn aus dem Cockpit des Wagens und zogen ihn mit sich in die letzte S-Kurve, in der verlassen der Kegel stand.

Cheetah Savannah kniete daneben und hob den Pylon jetzt langsam auf. Sie wog ihn nachdenklich in der Hand und musterte den Jungen, von dem sie behauptete, dass er ihr Sohn sein sollte.

„Ein Kegel heißt eine Sekunde, Robin", hörte er ihre Stimme durch das Rauschen in seinen Ohren. „Und deine Endzeit betrug 35,3. Mardi ist 36,4 gefahren. Das heißt, du warst 1,1 Sekunden schneller als dein großes Schwesterchen." Cheetah grinste ihn an und Mardi sprang hoch:

„Du hast mich geschlagen, Brüderchen!" Sie umarmte Robin, und Venice schlang ihre Arme um beide.

„Obwohl du die Strecke noch gar nicht kanntest."

„Und das heißt nichts anderes", drängte sich Samba dazwischen und gab Robin einen Kuss, „das heißt nichts anders, als dass wir unbesiegbar sind."

Robin spürte den Kuss und die Umarmung der Mädchen. Er hörte ihr Lachen. Er sah in die strahlenden Augen von Cheetah, und er fühlte sich wohl. Nein, zum zweiten Mal in seinem Leben fühlte er sich frei. Frei und erlöst. So wie an dem Tag, als er nach dem Sieg auf dem Galgenberg nach Hause zurückgekehrt war und sein Vater ihn als Sieger empfing. Er schenkte ihm die Kette, den silbernen Adler, und bat ihn um Verzeihung dafür, dass er ihm jemals misstraut hatte. Er versprach ihm, dass Robin jetzt immer bei seinen Freunden im Süden bleiben durfte. Und Robin war glücklich. So glücklich wie niemals in seinem Leben zuvor. Er hatte seinen Vater umarmt. So fest es ging. Zum ersten Mal in seinem Leben hatte er so etwas gemacht, und plötzlich hatte er in sich die Hoffnung gespürt, seine Mutter zu finden und eine Familie zu haben.

Doch nur einen Tag später entpuppte sich alles als Fake. Als eine ganz große Lüge. Robin sollte nur wieder der Köder sein. Der Köder für seine Freunde, für deren Eltern und Freunde und für den Pan und die Burg.

Robin fühlte den Schmerz darüber, als ihn die Mädchen umarmten, und im selben Moment ging der Vorhang auf. Der blutrote Vorhang am Eingang des Tunnels. Ein roter Ford Mustang fuhr in die Halle herein. Er hielt hinter Cheetah, und als die schwarze Frau aus dem Auto stieg, lief Samba ihr schon entgegen.

„Und das da ist Oma. Unsere Oma." Sie umarmte die Frau des Pans, die auch Tinkabell hieß, und führte sie zu ihrer Mutter. „Wir haben dich so lange nicht mehr gesehen. Über drei Monate nicht." Sie herzte ihre Großmutter und die herzte zurück. „Aber jetzt muss ich dir Robin vorstellen. Er ist unser Bruder, ja, und unser Fahrer. Unser neuer und erster Fahrer!" Sie strahlte ihren Bruder an und blieb

abrupt stehen. „Das bist du doch, oder ...?“, fragte sie plötzlich enttäuscht.
Robin sah, wie ihre Augen matt wurden. Er sah die Enttäuschung in Cheetahs Gesicht und in den Gesichtern der anderen. Die Frau in Schwarz verlor ihr freundliches Lächeln und wurde ganz ernst. Dann erst bemerkte er, wie er zurückwich. Er spürte die Angst, die ihn von den anderen wegzog, und er hörte die Stimme von Kiki Lilou: „Er fällt nämlich nicht auf eure Lügen herein.“
Da zog die schwarze Frau einen Brief aus der Tasche und reichte ihn Samba. „Schaut mal, was ich hier für euch habe. Der Pan, ich meine euer lieber Opa, gibt euch eine zweite Chance.“

Samba zerfetzte den Briefumschlag. „Und das in zwei Tagen. Ich kann es nicht glauben."
Venice rannte zu ihr hin: „Ich liebe dein Lachen!" Sie umarmte die Schwester und tanzte mit ihr: „Wir fahren ein Rennen, und das in zwei Tagen!"
Sie schauten zu Robin, und der blieb jetzt stehen. Er spürte so etwas wie warmen Neid. Neid, der gut und ehrlich war. Neid, der dem anderen sein Glück gönnte. Ja, Robin beneidete die beiden Mädchen. Er beneidete sie darum, dass sie Schwestern waren. Schwestern, die eine Mutter hatten und eine Oma, die sie liebten und bereit waren, alles für sie zu tun. Er beneidete sie darum, dass sie eine Familie waren, und wünschte sich heimlich, zu ihnen zu gehören.
„Hey, Brüderchen", sagte Mardi Gras sanft. Sie stand plötzlich neben ihm. „Wir haben ein Rennen. Ein richtiges Rennen."
Sie hob die Hand zum High five und Robin hob seine. Er wollte ihr Angebot zu gerne annehmen. Da bäumte sich etwas in ihm auf.
„Halt! Stopp!", rief er heiser. „Ich kann das nicht, hört ihr! Ich hab schon ein Team, und ich hab es geschworen. Ich hab es meinen Freunden geschworen, und ich bin kein Verräter ..."
Wieder sah er die Enttäuschung der anderen. Er fühlte den Schmerz, den Cheetah empfand. Er spürte, wie stark ihr Wunsch war, dass er zu ihr gehörte. Doch er konnte nicht anders. Er war Robin V. Acht.
Da nickte die Frau in Schwarz.
„Das kann ich verstehen!" Ihr Gesicht wurde weich. Freundlich und weich, doch ihre Augen packten ihn wie die einer Hexe. „Aber da gibt es noch etwas, das ich dir zeigen möchte."

Sie ging jetzt langsam an Robin vorbei.
„Na, komm schon. Komm mit. Das hilft dir vielleicht, deine Meinung zu ändern."

15 Es liegt alles an Robin

Auf dem Rücken des Drachens war es fast still. Selbst die Krähen kreisten stumm über den Betten der Kinder. Kiki saß auf dem Rand ihres Nests und versuchte, David zu ignorieren. Der hockte in seinem und hielt das Schlagen des Sonnensegels über ihm kaum noch aus. Es war das Ticken einer mächtigen Bombe. Einer rotweißen Bombe mit einem Clownsgesicht. Und Luca summte vor sich hin. Sie summte und schniefte und wischte sich ab und zu eine Träne aus dem Gesicht.

„Er hat es geschworen", hatte David gesagt. „Er hat geschworen, dass er uns nie verlässt."

„Und wenn er trotzdem da bleibt?", hatte Kiki gefragt und ihn mit ihrem Blick beinahe getötet.

„Dann muss der Pan das Rennen erlauben", hatte David geantwortet.

„Aber warum sollte er das?"

Da kehrte der VW-Bus ins Lager zurück. Die Kinder hoben die Köpfe. Sie richteten sich auf. So wie Angelo und Andalee sich von ihren Stühlen erhoben und in der Mitte des Lagers aus dem Krakenzelt traten. Hoffnung erfüllte alle Gesichter, während der VW-Bus um das Zelt herumfuhr. Die Stimmen des Waldes kehrten zurück. David und Kiki schauten sich an. Der Hauch eines Lächelns stand um die Lippen des Mädchens ...

Doch dann krächzten die Krähen. Die Staubwolke, die dem Bus folgte, legte sich über das Lager und erstickte wieder jedes Geräusch. Selbst die Geräusche der Fahrertür, die Angelina jetzt öffnete und hinter sich zuschlug. Zurückblieb einzig das Ticken der Bombe und Angelina, die sagte:

„Der Pan hat das Rennen erlaubt. Jetzt liegt alles an Robin. Er muss sich entscheiden, zu wem er gehört.“

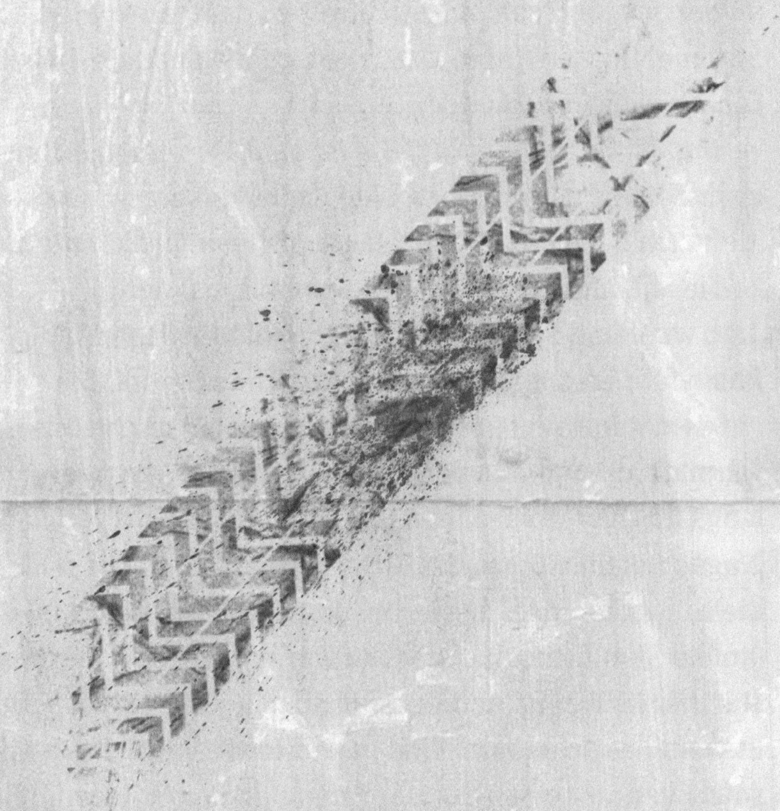

Und das wusste auch Robin, als er in die Manege trat.
„Na komm schon. Vertrau mir.“ Die Frau im schwarzen Kleid mit den pechschwarzen Haaren trat aus der Tür von Cheetahs Wohnwagen und lächelte freundlich zu Robin herab. Der stand fünf Meter von ihr entfernt und kämpfte einen Kampf mit sich selbst.
Das ist das Zuhause deiner Mutter. Nach diesem Ort hast du dich immer gesehnt, zog ihn eine Kraft zu der Frau mit der schlohweißen Strähne. Die sah Robin jetzt erst und die spaltete Tinkabells schwarze Locken wie ein zuckender Blitz.
Vertrau ihr nicht, hörst du! Sie ist dein Verderben, schrie eine Stimme ganz tief in ihm drin. Doch die Frau widersprach.
„Nein. Ich bin deine Oma!“, sagte die Frau, als könnte sie seine Gedanken lesen, und Robin erschauderte bis ins Mark.
„Und wir deine Schwestern!“, riefen die Mädchen.
Robin fuhr erschrocken zu den Mädchen herum. Die saßen zu dritt auf dem Karussell, und ihr Lächeln war plötzlich ganz herzlich und warm. Es drängte ihn buchstäblich in den Zirkuswagen hinein, und langsam gab Robin seinen Widerstand auf. Er stieg die Stufen zu dem Wagen hinauf, spürte das Zittern der Härchen auf seiner Haut, als er die schwarze Hexe passierte – *Ja, eine Hexe, das ist sie!*, versuchte ihn die Stimme noch einmal zu warnen, die so klang wie Kikis. Dann stand er im Wagen und schaute sich um.
Es war alles so anders. Eine ganz fremde Welt, die ihm trotzdem sofort vertraut erschien. Der Brokat an den Wänden reflektierte das Licht und warf es golden zurück. Und in seinem magischen Schein entdeckte Robin die Bilder. Sie bedeckten die Wand des Wagens

neben der Tür, und als Erstes fiel Robins Blick auf das Porträt einer Frau. Einer sehr jungen Frau. Die teilte den Rahmen mit dem Porträt eines Mannes. Auch der war noch jung.

„Das da bin ich. Und das daneben dein Opa. Da war er noch schlank", erklärte die Frau in der Tür, und obwohl er das Lächeln in ihrer Stimme hörte, spürte er ihren prüfenden Blick.

Wie eine Spinne, die eine Fliege beobachtet, warnte Robin sich selbst und vergaß diese Warnung im nächsten Moment. Er hatte ein Bild seines Vaters entdeckt. Der war ebenfalls jung. Er lachte begeistert und flipperte dabei mit einem kleinen Jungen, einem vierjährigen Jungen. Und Robin brauchte 15 Sekunden, bis er begriff, wer der Junge war.

„Ja, du hast recht. Das ist dein Vater, und er flippert mit dir!", erriet die Hexe seine Gedanken.

Nein. Das kann nicht sein, wollte sich Robin wehren. Das hatte sein Vater niemals gemacht. Das war für ihn reine Zeitverschwendung! Doch das Bild war kein Fake. Oder glaubte er das, weil die Frau ihn verhexte? Sie stand plötzlich hinter ihm, und Robin spürte ihren Atem auf seinem Hals.

„Weißt du, dein Vater hat auch mal im Süden gelebt. So wie Kiki und Cheetah." Sie sprach sanft, aber fest.

Ein Wolf im Schafspelz, dachte Robin und erzitterte unter dem Schauder, der ihm über den Rücken lief.

„Er war so wie wir", fuhr die Frau in Schwarz fort. „Doch das reichte ihm nicht. Er wollte das werden, was er jetzt ist. So wie du ihn jetzt kennst: erfolgreich, reich, mächtig. Und deshalb hat er sich von allem getrennt. Er ist mit dir in den Norden gegangen, in den mächtigen Norden, und er hat deiner Mutter verboten, dass sie dich sieht. Kannst du dir vorstellen, wie schlimm das war?“

Robin erstarrte. Er ballte die Fäuste und unwillkürlich glitt sein Blick vom Bild seines Vaters durch das Fenster des Zirkuswagens zum Karussell. Dort saß Cheetah jetzt bei ihren Töchtern und schaute ihn an. Sehnsüchtig, liebevoll und zum ersten Mal spürte Robin das Leid,

das sie empfunden haben musste. So wie er es empfunden hatte, weil sie nicht bei ihm war.

„Ja“, nickte Tinkabell. „So ist es gewesen. So hat sie sich neun lange Jahre gefühlt. Sie hat es nicht ausgehalten. Nein, keine Mutter hält so etwas aus. Deshalb hat sie dich heimlich beobachtet. Sie hat dich fotografiert und diese Collagen gemacht. Robin, sie hätte so gern mit dir hier zusammengelebt.“

Robin sah jetzt die Fotos, die die ganze Wand füllten. Er sah die Geburtstagsfeiern seiner Schwester. Ihren ersten Schultag. Eine Fahrt in den Urlaub. Ein erstes Seifenkistenrennen ... Und immer war er in die Fotos montiert. Als wäre er wirklich dabei gewesen.

Da packte ihn Tinkabell bei den Schultern. Robin zuckte zusammen. Wenn es einen Schraubstock aus Watte gäbe, der Stahl quetschen konnte, wäre das die richtige Beschreibung für diese Berührung gewesen. Doch sie war auch ganz warm. So warm, wie die Stimme, mit der sie jetzt sprach. Oder war Robin verzaubert? Hatte sie ihn verhext?

„Ich glaube, du musst dich entscheiden.“

Robin drehte sich um. Er schaute sie an. War das seine Oma?

„Aber überleg es dir gut“, sagte sie wieder, als könnte sie seine Gedanken lesen. „Es steht viel auf dem Spiel. Du kannst alles verlieren.“

Robin schwirrte der Kopf. Er hatte immer zwei Träume gehabt. Er wollte Rennfahrer werden und das mit V8. Mit Kiki Lilou, mit David und Luca. Das waren seine Freunde. Freunde, die man nur einmal im Leben bekam.

Doch genauso stark wünschte er sich, endlich bei seiner Mutter zu sein und zu leben. Oh, ja! Und dieser Wunsch war gewachsen. Nachdem er von zu Hause fortgelaufen war. Nachdem ihn sein Vater verraten hatte. Robin spürte noch einmal den Schmerz, den er dabei empfunden hatte. Doch jetzt riss ihm das Schicksal sein Herz aus der Brust. Um sich einen Traum zu erfüllen, musste er den anderen für immer verraten. Er musste seinen Schwur brechen, um zu seiner Mutter zu kommen. Er würde seine Freunde für immer verlieren. Doch das wollte er nicht. Er schluckte und würgte den Kloß aus dem Hals, und dann sagte er heiser:
„Nein. Das kann ich nicht, hörst du. Ich kann meine Freunde nicht verraten. Ich kann und will sie nicht verlieren.“
Da nickte die Hexe. Oder war es doch seine Oma?
„Ich weiß“, sagte sie, und Robin spürte den Schraubstock. Der umfasste sein Herz. „Aber deshalb hast du ja uns. Wir sind deine Familie, und wir werden dir helfen.“
Sie lächelte freundlich, und Robin senkte dankbar den Kopf. Er atmete wieder, und er konnte nicht sehen, wie Tinkabell durch das Fenster schaute. Sie suchte den Blick von Cheetah Savannah und nickte ihr zu. Ich hab es geschafft, sagte ihr Blick und dabei verdunkelten sich ihre Augen.

16 Robins Entscheidung

Der rote Mustang war plötzlich da. Er schoss an Angelina vorbei, die gerade vom Feuerholzsammeln ins Lager zurückkehrte. Er hielt vor dem Schlaffelsen mit den Betten der Kinder. Der schwarze Handschuh der Frau, der bis über den Ellenbogen reichte, hob zwei Briefe über die Tür. Die Augen hinter der Sonnenbrille scannten das Lager. Sie musterten David, Luca und Kiki. Die kletterten erschrocken aus dem Brunnen heraus. Dem Eingang zur Werkstatt im Bauch des Drachens. Sie sahen das kalte Lächeln der Frau. Die ließ die Briefe einfach fallen, riss den Mustang herum, raste den Feldweg hinab in den Wald und ließ eine Wolke aus Staub zurück. Als wäre ein Sandsturm über den Drachenrücken gefegt.

„Ist der von Robin?", fragte Luca leise und suchte die Hand von Kiki Lilou. Die biss sich auf die Unterlippe, als David mit den zwei Briefen langsam aus der Staubwolke trat.
„Ja, einer der beiden." Er hob den Brief, der wie die Bomben, mit rot-weißen Streifen gekennzeichnet war. „Der zweite trägt das Siegel des Pans."
Er schaute von Kiki zu seiner Mutter. Die sagte kein Wort. Die ging nur zur Feuerstelle und setzte sich dort auf eine der Kisten. Die bildeten zusammen mit Stühlen und Autositzen einen geräumigen Kreis, der, seitdem sie hier wohnten, ihr Versammlungsort war. Hier tra-

fen sie sich, um ihre Konflikte zu lösen, um Probleme zu besprechen oder Feste zu feiern. Ja, hier hatten sie als Letztes Robins Geburtstag gefeiert. Und jetzt war Robin weg. Kiki warf David einen bösen Blick zu, folgte Angelina und setzte sich rechts von ihr auf eine Bank, die einmal ein Autorücksitz gewesen war. Luca wählte einen Stuhl, so weit wie möglich von Kiki entfernt, und David setzte sich dazwischen. Dann war es fast still. Nur der Wind wehte über den Drachenrücken hinweg, und zwischen den Zähnen knirschte der Staub, den der Mustang aufgewirbelt hatte. So dick war die Luft. Sie war überladen mit Wut, Zorn und Angst. Und aus Rücksicht darauf, hielten sich Andalee und Angelo von der Versammlung fern. Sie unterbrachen nur ihre Arbeit am Motor des Pick-ups und sahen den vier anderen zu. „Worauf wartest du noch?!", schnaubte Kiki Lilou. „Mach ihn schon auf!" Sie blitzte David vorwurfsvoll an. Doch der zögerte noch. Er befühlte Robins Brief mit den Fingern, schloss seine Augen und versuchte sich vorzustellen, wie der ihn geschrieben hatte. In der Halle der Nitros. Und so, wie er sich die Hindernisse vorstellen konnte, wenn er sich die Augen verband und den Parcours hinunterraste, den er mit Robin aufgebaut hatte, entstanden die Bilder in seinem Kopf.

Robin trat in die Manege. Dort wartete schon die Frau in Schwarz und wies ihm mit einem Augenaufschlag eine Kiste als Sitzplatz zu. Robin gehorchte und setzte sich brav. Dann sah er zu Venice, die ihm gegenüber auf ein weißes Holzpferd kletterte. Ihr Blick war ernst und zu allem entschlossen. Genauso wie der ihrer beiden Schwestern. Samba setzte sich auf ein Podest, das wie eine Trommel auf

dem Boden lag, und Mardi Gras schloss den Kreis. Sie stellte sich hinter einen hölzernen Löwen, der ihr bis zur Hüfte reichte, und suchte den Blick von Cheetah Savannah. Die schlich – für Robin noch unsichtbar – im Zwielicht der Halle um die Manege herum.

Robin nahm das Briefpapier, das vor ihm auf der Kiste lag. Er hob den Stift, der danebenlag, und atmete ein. Der Stift in seiner Hand schien Tonnen zu wiegen, und als er ihn auf das Papier setzte und das erste Wort schrieb, schrie er innerlich vor Schmerzen auf.

„Lieber David, liebe Luca, liebe Kiki ..." Diese Worte waren die sperrigsten, die Robin je geschrieben hatte. Doch für David, der sie den anderen jetzt vorlas, waren sie Hoffnung. Vielleicht wollte Robin ihnen ja mitteilen, dass er zu ihnen zurückkehren würde.

„Lieber David, liebe Luca, liebe Kiki. Meine geliebten und so treuen Freunde." David spürte den Hauch eines Lächelns auf seinen Wangen. Luca horchte auf und schaute zu ihrer Mutter, und Kiki strich sich eine Locke aus dem Gesicht, als ob sie so besser glauben könnte, was David vorlas. „Es fällt mir so schwer. Aber egal, was ich sage, ich werde die Zeit mit euch niemals vergessen. Wir sind doch zusammen in den Himmel gesprungen."
Luca stand plötzlich neben David und zog den Brief aus seiner Hand. Das wollte sie unbedingt selber lesen: „David hat seinen Hintern auf mich verwettet und Lucas Popo musste dafür dran glauben." Sie lachte vor Glück und schaute dann frech zu Kiki Lilou. Die stand bereits vor ihr. „Oh, und jetzt passt mal auf: Ich hätte mich beinah in Kiki verliebt. Oh, lâ, lâ."
Sie gab Kiki den Brief und die las begeistert: „Ihr habt alles riskiert, um mich zu befreien. Doch ich bin nicht gefangen. Nein. Ganz im Gegenteil: Endlich hab ich mein Zuhause gefunden."
Kikis Stimme erstarb. Sie zerknüllte den Brief, drückte ihn David vor die Brust und warf sich auf ihre Autositzbank. Auch Luca stapfte zu ihrem Stuhl zurück. Sie schaute Hilfe suchend zu ihrer Mutter, doch die konnte nicht helfen. Sie schaute zu David. Der hatte wieder die Augen geschlossen und spürte die Wut bei dem, was er sah:

Robin schrieb den Anfang des Briefes und sein Gesicht strahlte vor Freude, als er sich erinnerte: „Wir sind zusammen in den Himmel gesprungen ... Lucas Popo musste dran glauben ... Ich hab mich beinah in Kiki verliebt ... und ihr habt alles riskiert, um mich zu befreien ..."
Er schaute glücklich zu seinen Schwestern.
„Ja", nickte Venice und tauschte einen Blick mit ihrer Mutter, die im Schatten um sie schlich. „Doch ich bin nicht gefangen", diktierte das Mädchen und Tinkabell flüsterte:
„Nein. Ganz im Gegenteil."
„Ich hab endlich mein Zuhause gefunden!", sprach Cheetah, trat aus dem Schatten und setzte sich zu ihrem Sohn, als wollte sie sichergehen, dass er das Richtige schrieb. Und Robin gehorchte.

„Ich kann es nicht glauben", las David genauso ungläubig die nächsten Zeilen des Briefes. Auf dem Drachenrücken war es wieder so still, als hätte jemand den Ton abgedreht. „Plötzlich", las David, „hab ich drei Schwestern, eine Oma und ..."

David sah Robin, wie er den Stift fallen ließ und sich an seine Mutter schmiegte. Er atmete tief, sog ihren Duft ein, und seine Augen begannen tatsächlich zu leuchten. „Ja, es ist meine Mutter", flüsterte Robin andächtig und schaute Cheetah sehnsüchtig an. Die lächelte sanft. „Ich kann mich erinnern."
David sah zu Kiki und Luca, und die erinnerten sich jetzt mit ihm. Robin hatte es ihnen gesagt. Er wusste nicht mehr, wie seine Mutter

aussah. Er wusste nur noch, wie sie roch. Und diesen Geruch hatte er wiedererkannt.

Nein, das durfte nicht wahr sein, dachten Kiki und Luca, und während David weiterlas, hörten sie deshalb nicht seine Stimme. Sie hörten die von Cheetah Savannah. Der Hexe. Der Lügnerin, der Robin jetzt glaubte. Und die diktierte ihrem Sohn die nächsten Zeilen in die Feder:

„Ja, es ist meine Mutter", diktierte sie ihm. „Und deshalb bitte ich euch von Herzen: Entlasst mich heute aus meinem Schwur. Befreit mich aus meiner Pflicht, für V8 zu fahren. Und gebt uns bitte eine zweite Chance. Nehmt die Einladung des Pans zum Rennen gegen uns an. In zwei Tagen. Im Labyrinth. Auf der Hauspiste der Nitro-Freaks."

Sie sahen Cheetahs verschlagenes Grinsen. „Das wird ein Heimspiel für uns!", triumphierte die Frau, die Robin verhext hatte, und Kiki sprang auf.

„Das glaube ich nicht. So etwas tut der Pan nicht."

„Doch!", widersprach Luca. Sie stand neben David und öffnete das Siegel des zweiten Briefs. Das Siegel des Pans. Sie überflog seine Zeilen und las sie dann vor. „Ihr fahrt ein Rennen des siebten Grades. Es gibt kein Zurück. Egal was passiert. Das Rennen muss stattfinden. Dafür kommt der Sieger direkt in die Burg. Selbst wenn er wie ihr erst ein Team geschlagen hat und nur eine Münze besitzt ..."

„Gib mir den Brief!", zischte Kiki Lilou. Sie wollte nicht glauben, was Luca ihr vorlas. „Doch der Verlierer ist raus! Unwiderruflich. Für immer. Er landet auf den Bobbycars." Ihre Stimme erstarb. Sie las jetzt nur noch mit den Augen. „Das glaube ich nicht. Nein. Das ist nicht fair.

Das darf er nicht tun", kommentierte sie den Inhalt mit kraftloser Stimme. Sie schaute zu Angelina, die den Pan kannte, und fand dann zu ihrer Wut zurück. „Nein! Da mach ich nicht mit. Da haben wir doch schon jetzt verloren. Das ist Schiebung! Verrat! Und Robin macht da einfach mit!"

Sie warf David den Brief des Pans vor die Füße und lief zum Eingang der Werkstatt. Sie sprang in den Brunnen und Luca, die den Brief wieder aufhob, las die Zeilen des Pans.

„Jedes Team stellt zwei Autos, und zwei Fahrer sind Pflicht."

„Ha, zwei Fahrer! Zwei! Hört ihr!", rief Kiki wütend aus der unterirdischen Werkstatt. „Und was sagt unser Robin dazu? Dieser miese Verräter!"

Luca und Angelina schauten zu David. Der las die zweite Seite von Robins Brief. Er las sie erst leise und dann mit wütender Stimme noch einmal für alle deutlich und laut:

„Ich bitte euch nochmals: Lasst uns in Frieden auseinandergehen."

„Ich lach mich gleich tot!", höhnte Kiki Lilou, und David übernahm diesen Hohn von ihr:

„Auch wenn es für immer ist. Ich bleibe im Herzen immer euer treuester Freund, Robin ..." David zerknüllte den Brief und warf ihn ins Feuer.

„Robin, du kannst mich mal!", fluchte er böse und rannte davon.

Auch Luca sprang auf und sie hoffte inständig, dass ihre Mutter ihr helfen würde. Dass sie etwas sagte wie: Das ist nicht wahr. Der Brief ist ungültig.

Doch Angelina blieb stumm. Da platzte Luca vor Wut. Vor Wut und Verzweiflung. Und die richtete sich nicht nur gegen Robin. Die richtete

sich auch gegen den Pan. Der hatte die Regeln neu aufgestellt.
„Na bravo!“, zischte sie. „Ist es das, was man von eurem Pan lernt? Beschiss und Verrat? Wir haben nicht den Hauch einer Chance. Wir sind raus aus dem Rennen. Finito und basta! Das war’s mit der Burg!“
Sie riss ihre Drachenherzkette vom Hals, warf sie auf den staubigen Boden und rannte davon.

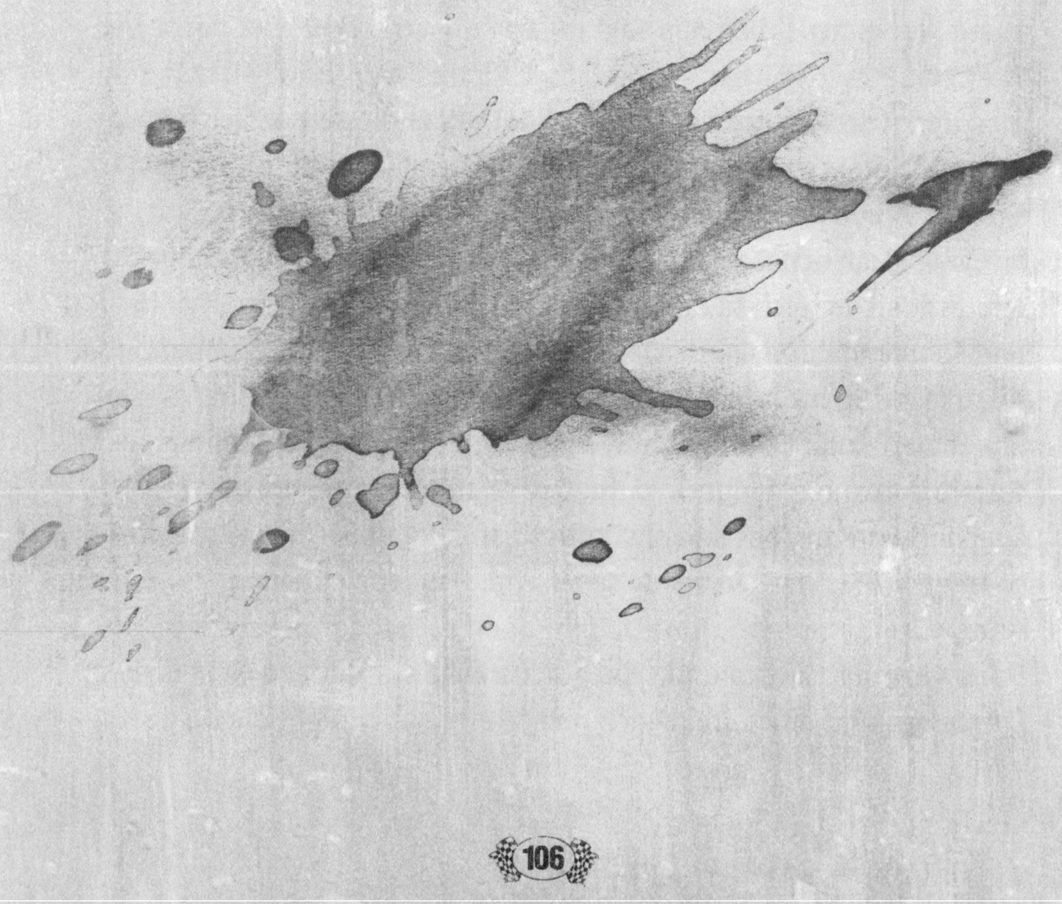

17 Es liegt alles an dir

Angelina sah ihrer Tochter nach, wie sie wütend davonrannte. Dann stand sie auf, ging zur Kette und hob den silbernen Anhänger auf. Sie strich mit dem Daumen über den schlafenden Drachen, der seinen Körper um ein kleines Herz wand.

„Das Herz von Drachenherz", flüsterte Angelina und schaute noch einmal zu Luca hinüber. Die saß auf dem mittleren Buckel des Drachenrückens zwischen den Felsen, die sich wie das versteinerte Rückgrat eines riesigen Lindwurms über den ganzen Hügel zogen.

„Das Herz von Drachenherz und der Rücken des Drachens", sagte Angelina in Gedanken. Die gehörten zusammen. Die verband eine Kraft. Das wusste sie selbst aus ihrer Zeit in der Burg. Als sie sich hier verstecken mussten. So wie sich jetzt hier ihre Kinder versteckten. Damals hatten sie die unterirdische Werkstatt gebaut. Angelo und sie, die beiden Fahrer des Teams. Andalee, ihre Mechanikerin, und Artur, ihr Promoter, der jetzt nicht mehr lebte. Er war einem bösen Verrat zum Opfer gefallen. Er war ihm zum Opfer gefallen, weil er sein Vertrauen verloren hatte. Den Glauben an sich. Er hatte die Drachenkette fortgeworfen wie Luca. Und damit war sein Schicksal besiegelt ...

Angelina spürte den Schmerz, den ihr diese Erinnerung zufügte. Dann ging sie zu Luca und setzte sich zu ihr ins goldene Licht des sterbenden Tags.

KÜMMERT EUCH
UMEINANDER

„Was willst du von mir?“, fragte ihre Tochter feindselig und ignorierte sie danach, als wäre sie nicht da.

„Ich habe einen Fehler gemacht“, antwortete Angelina ganz ruhig, doch sie konnte Lucas Zorn nicht besänftigen.

„Da bist du wohl nicht die Einzige!“, stach das Mädchen zurück und meinte damit die Regeln des Pans. Des Pans, der ein Erwachsener war und der sie, so wie ihre Eltern, eigentlich beschützen musste.

„Aber ich meine was anderes“, widersprach ihre Mutter. „Ich habe gesagt: Es liegt alles an Robin. Und das war ein Fehler. Es liegt alles an dir.“

Luca zuckte zusammen. Für den Hauch eines Augenblicks traf sie der Satz ins Herz. Doch dann siegte ihr Zorn, und sie verdrehte die Augen. Sie verdrehte die Augen, um die Wahrheit zu töten, die aus den Worten ihrer Mutter sprach.

„Du bist Luca Michele. Der Promoter und Frontman. Das Herz der V8. Erinnerst du dich?“, fragte sie freundlich, und Luca konnte sich nicht wehren:

Sie sah sich selbst in der Kathedrale des Schrotts. Sie saß auf dem Geschützstand mit den Saugglockenpfeilen und schoss einen davon in Dadidas' Gesicht. Sie hörte den „Plopp“, mit dem er sich festsaugte. Sie hörte das Lachen von David, Robin und Kiki, als die Barakudas aus der Schrotthalle flohen, und durch dieses Lachen drang Angelinas Stimme zu ihr.

„Erinnerst du dich?“, fragte sie ihre Tochter noch einmal und der blieb nichts anderes übrig, als zu lügen. Das verlangte der Zorn, der

zu schwinden drohte. Es war doch so leicht, wenn man nicht selbst schuld war.
„Nein“, patzte Luca. „Ich erinnere mich nicht. Und ich verstehe nur Bahnhof.“
„Aber du wirst dich erinnern!“, widersprach Angelina und fast drehte sich Luca zu ihr um. Sie wollte ihrer Mutter sagen: „Ja. Du hast recht. Aber was soll ich denn tun?“
Da hallte ein Scheppern und Krachen aus dem Innern des Bergs. Aus der unterirdischen Werkstatt schoss eine Rauchsäule durch den Brunnen hoch, und dann hörte sie Kikis wütende Stimme.
„Zwei Fahrer. Zwei! Ha! Zwei Fahrer sind Pflicht. Das ist Beschiss! Beschiss und Verrat! Das war's mit der Burg! Finito und basta!“
Luca sprang auf.
„Ist es das, was du meinst? Was soll ich daran verstehen? Oh, lass mich in Ruhe!“ Sie stapfte zornig davon. Doch sie konnte nicht weglaufen. Ein unsichtbares Band hielt sie fest. Das kam direkt aus Angelinas Augen und die sagte jetzt freundlich, aber bestimmt:
„Sie brauchen dich, Luca.“
Luca erbebte bei diesem Satz. Sie ballte die Fäuste, und während ihr Tränen aus den Augen kullerten, drehte sie sich zu ihrer Mutter um. Die hob die Hand mit dem Drachenherz und ließ es im letzten Tageslicht funkeln. Das silberne Herz leuchtete golden.
„Sie brauchen dich, Luca. Denn du kannst Träume wahr werden lassen.“
Da lächelte Luca, und die Tränen auf ihrer Wange wurden zu flüssigem Licht.

18 V8

David saß auf seinem Bett. Er sah seine Mutter, die mit Luca sprach, und er hörte den Lärm aus der unterirdischen Werkstatt. Er sah die Rauchwolken aus dem Brunnen stieben, wenn Kiki Kisten ausschüttete und Regale umwarf. Doch er sah das alles, als würde er träumen. Als hätte er keinen Einfluss auf das, was passierte. Als wäre er gelähmt oder unsichtbar. Ein Geist, durch den man hindurchfassen konnte und der tatenlos zusah, wie alles, was ihm wichtig war, vor seinen Augen im Boden versickerte. Wie Wasser im Sand. Und dann erinnerte er sich langsam. Er hatte sich schon einmal genau so gefühlt. Damals, nach dem Baden im See und bevor er Robin aus der Kartbahnfalle befreite ...

„Es ist mal wieder ein Traum zerplatzt!", hörte David sich sagen. Er lag im Bett seines Baumhauskinderzimmers auf dem Dach des Hauses seiner Eltern und starrte bockig gegen die Wand. Die Autos, die sie gebaut hatten, waren endlich fertig. Sie hatten sie am Nachmittag eingefahren. Sie hatten am Baggersee ihren Schwur geleistet, dass sie sich niemals trennen würden. Und in zwei Tagen würden sie auf dem Galgenberg ihr erstes Rennen gegen die Barakudas bestreiten. Doch Robin hatte ihr Team verlassen. Er war nach Hause zurückgekehrt. Er hatte die Wracks auf Kikis Autofriedhof gesehen und hielt V8 für einen Fake. Für billigen Kinderkram.

„Es ist mal wieder ein Traum zerplatzt!", sagte David immer wieder, bis er es nicht mehr hören konnte. Er presste die Hände auf die Ohren, und als es endlich leiser wurde, hörte er seine Mutter. Angelina stand in der Tür und strich mit den Fingern über das geheime Tattoo. Das Tattoo auf dem Handgelenk. Das Tattoo aus der Burg, das alle Schüler dort trugen.
„Bist du dir sicher?", fragte sie ihn. „Oder hast du nur nicht darum gekämpft?"

Da sprang David auf. Er sprang aus dem Bett auf dem Rücken des Drachens und lief um den Berg zum großen Tor, dem Ausgang der Werkstatt. Er war außer Atem. Sein Herz pochte im Hals, und er hörte noch einmal alles, was Kiki ihm vorwarf: „Ich hab dich gewarnt, als die Nitros aufgetaucht sind. Ihr solltet zurückkehren. Ich hab euch gesagt: Ihr dürft euch nicht trennen. Und ich hab dich gefragt, was wir machen werden, wenn Robin bei den Nitros bleibt."
Und er hörte den Lärm aus dem Inneren der Werkstatt.
„Zwei Tage. Zwei Nächte. Ich brauche mehr Saft. Mehr Power und Saft. Puh, Batterien sind schwer." Kiki kam gebückt aus der hintersten Ecke, schleppte zwei Batterien zu den beiden Boliden und warf sie wütend auf den Boden.
„Das geb ich dir schriftlich!", fiel ihr David ins Wort und versuchte so cool wie möglich zu wirken. Dabei befand sich sein Herz im freien Fall. Im freien Fall Richtung Schlüpfer. „Die Nitros haben mich stehen lassen, als wär ich 'n Traktor mit Tretantrieb."
Er stand vor dem Tor und versuchte zu grinsen, was ihm auch irgend-

wie halbwegs gelang. Auf jeden Fall grinste er gut genug, um Kikis Wut auf ihn noch zu steigern.
„Das sagt gerade der“, blitzte sie David jetzt an, „der die Schuld daran trägt, dass Robin zum Nitro wurde. Doch ich mache ihn fertig!“ Sie lief in den hinteren Teil zurück und schleppte weitere Batterien heran. „Ich werde sie schlagen, und dann stecke ich diesem Verräter persönlich den rosa Schnuller in seinen Mund.“ Blitze schossen aus ihren Augen. „Und danach, hörst du, David Michele ...“, sie schnappte nach Luft, „... mach ich mit dir noch was Schlimmeres.“
David stockte der Atem. Für einen Moment bereute er seinen Beschluss. Er wollte zurück auf sein Bett vor dem Felsen. Er wollte wieder zusehen, wenn Träume versickern. Denn Kiki war mehr für ihn als nur irgendein Mädchen. Kiki war nicht nur die Mechanikerin. Kiki war die, die zu ihm gekommen war und sich getraut hatte, die vier Worte zu sagen: „Ich liebe dich nämlich“, hatte sie wütend gesagt. Wütend darüber, dass dieser Satz wahr war. Und er würde das niemals in seinem Leben vergessen. Deshalb zwang er sich wieder zu einem lässigen Lächeln.
„Dann hör auf zu jammern“, sagte er so cool, wie er konnte, und weil er das sagte, wurde er stark. Er spürte, wie sein Herz jetzt langsamer stürzte.
„Wie bitte? Was?“, schoss Kiki zurück. Doch der Schuss prallte ab.
„Du hast richtig gehört“, nickte David und äffte das Mädchen nach: „Zwei Tage. Zwei Nächte. Puh, Batterien sind schwer“, jammerte er übertrieben und ignorierte Kikis Warnung.
„David Michele!“, zischte sie leise, doch David ging schon auf sie zu:

„Ich hab keine Power. Ich brauch mehr Saft."
Da griff sie den schweren Schraubenschlüssel, der neben ihr auf dem Amboss lag, und warf ihn auf David: „Raus mit dir! Raus!", schrie sie ihn an, und David sah das rostige Werkzeug direkt auf seinen Kopf zufliegen. Er hob seine Hand. Blitzschnell tat er das, und als er den Schlüssel sicher packte, obwohl er sich wie ein Propeller drehte, war er ganz ruhig. Sein Herz hörte endlich auf zu stürzen und kehrte an seinen Platz zurück.
„Das gefällt mir schon besser", lächelte er und ging dabei weiter auf Kiki zu. Die wich jetzt langsam vor ihm zurück. „Das ist so wie früher. Ich meine wie damals, als du noch nett zu mir gewesen bist."
„Untersteh dich!", versuchte Kiki noch eine Warnung. „Bleib, wo du bist!" Doch er hörte die Angst, die in ihrer Stimme mitschwang.
„Ich denk nicht daran!", grinste er und drängte Kiki weiter zurück.
„Wir fahren in zwei Tagen in einem Labyrinth. Und egal, was das ist. Es ist verwinkelt mit ganz vielen Kurven. Da brauchen wir diesen Elektroquatsch nicht." Er zeigte verächtlich auf den Berg Batterien, der neben den Boliden lag. „Wir brauchen was Starkes. Wir brauchen Benzin."
„Ich warne dich, David!" Kiki erschrak. Sie stieß mit dem Rücken gegen ein großes Regal. Sie konnte nicht weiter vor David fliehen. Der hob beide Hände. Er stemmte sie rechts und links von ihr gegen den Stahl und schloss sie unwiderruflich ein. Sein Gesicht ganz nah an ihrem. Jetzt war sie gefangen und David am Ziel.
„Bist du wirklich so blind?", fragte er plötzlich ganz sanft und schaute ihr dabei tief in die Augen. Ich meine die da hinten." Er deutete mit

dem Kopf zu den mächtigen Achtzylindermotoren, die mit Staub bedeckt, und das seit Jahrzehnten, in einem Winkel der Werkstatt schliefen. „Wir müssen zurück. Zurück zu den Wurzeln. Das sind zwei V8. Zwei von den legendären Motoren, die in jedem verflixten Muscle-Car waren."

„Ich weiß, was das ist!“, pampte Kiki zurück und nutzte Davids Blick zu den Motoren aus, um unter seinem Arm hindurchzutauchen. „Aber die Dinger sind zu groß. Zu groß und zu fett für uns und die Autos.“

„Aber nicht für dich!“ David drehte sich um. „Du kannst es schaffen. Und mit diesen zwei Dingern fahren wir in die Burg. Wir beide zusammen.“ Er ging ein weiteres Mal auf das Mädchen zu, und dieses Mal blieb Kiki stehen. „Das heißt“, sagte David, „falls du deinen Zorn vergisst und endlich zulässt, dass ich dir helfe. Zeig du mir, wie man ein Auto baut. Dann zeig ich dir, wie man es ganz schnell fährt.“

Er sah, wie sein Lächeln Kiki ansteckte, und dann sprang Luca durch das Tor.

„Ja, schneller als Nitro! Wilder als Freak!“, rief sie begeistert und begann zu tanzen. Doch Kiki wurde noch einmal ernst. „Ich weiß nicht, David. Das ist unmöglich!“

„Und ob du das schaffst!“, widersprach ihr der Junge. Da grinste das Mädchen plötzlich ganz frech.

„Ich meine nicht das Fahren. Ich meine, dir beizubringen, wie man einen Hammer hält.“

Jetzt lachte auch David, und Luca explodierte in einem Rap.

„Kommt schon!
Konzentriert euch jetzt voll auf eure Kraft!
Und die Power von V8.“[1]

David und Kiki nahmen jeder eine Flex, gingen von zwei Seiten zu einem Boliden und setzten die Scheiben an die mattschwarze Karos-

---

1 Nach Sebastian Horn für den Kinofilm „V8² – Die Rache der Nitros“ (2014)

serie. Im nächsten Moment wurde die Werkstatt von einem Goldfunkenregen erfüllt, und während sich die Scheiben durch das Blech fraßen und die Autos entkleideten, rappte und tanzte Luca weiter.

„Was haben wir nicht schon alles geschafft, alles geschafft?
Wir haben eine Leiter mitten durch die Wolken in den Himmel gebaut.
Ihr schafft alles, wenn ihr komplett auf euch vertraut,
wenn ihr vertraut ...“[2]

---

2 Nach Sebastian Horn für den Kinofilm „V8^2 – Die Rache der Nitros“ (2014)

19 Alles wird gut

Doch kein Vertrauen der Welt baut einen Lift, der einen auf den Berg hinaufbringt. Den muss man schon allein erklimmen. Und jedes Abenteuer verwandelt sich, wenn man es erst einmal beginnt, von einem Hügel oder Berg in ein übermächtiges Gebirge. Und genau so ein übermächtiges Gebirge von einem Problem senkte sich jetzt von der Werkstattdecke auf den nackten Boliden herab und drohte ihn, unter seinem Gewicht schlichtweg und einfach zu zerquetschen. Da stoppte Kiki den Seilzug, an dem der V8-Motor samt seinem baumdicken Getriebe hing, und fragte David rotzig:

„Und, wie kriegst du das Monstrum in die Karre hinein?"

David starrte auf den Motor. Der war zwar nur fast so lang wie das Auto, aber die Höhe und Breite des Big Blocks und seiner Zylinder sprengte das Volumen des Stahlrohrrahmens fast um das doppelte. Er schaute ratlos zu Kiki Lilou. Er hatte keinen blassen Schimmer, wie das funktionieren sollte. Doch das gab er nicht zu. Er dachte nicht dran. Nicht jetzt, da sie gerade begonnen hatten. Und deshalb nahm er Kikis Hand, zog sie aus der Werkstatt und brachte sie zu dem Parcours, den er mit Robin für sich und die Gokarts abgesteckt hatte. Dort, auf der Spitze des steilen Hangs setzte er Kiki in ein Kart, ignorierte die Angst, die seine Freundin empfand, und verband ihr die Augen.

„Hey, komm schon, bleib cool!", ermahnte er sie. „Du musst dich nicht fürchten. Das ist Intuition. Jeder, der das Talent zum Rennfahrer hat, spürt die Hindernisse und Kurven voraus. Und Talent musst du haben, um die Nitros zu schlagen. Das willst du doch, oder? Du willst dich doch rächen. Du willst Robin, den Verräter, auf ein Bobbycar setzen." Damit stieß er sie an. Kiki fuhr in den Hang. Sie schrie vor Schreck auf und umklammerte das kleine Lenkrad

„Hey!", lachte David. „Du musst den Lenker benutzen. Das ist kein Haltegriff. Achtung, nach links!" Er lief ihr jetzt nach. „Links ist der Heuhaufen und rechts ist ein Stein." Kiki touchierte den hüfthohen Stein und stellte das Kart kurz auf zwei Räder.

„Oh nein!", rief David. „Nicht so weit links. Da liegen die Reifen." Doch diese Warnung kam zu spät. Das Kart prallte frontal in den fast mannshohen Stapel aus Reifen, und Kiki schlug mit dem Kinn aufs Lenkrad auf. Sie sackte benommen in sich zusammen, als wäre sie k. o. Dann hob sie langsam den Kopf, schob das Visier noch langsamer hoch und starrte David zornig an. Der hob die Hände, als wäre er unschuldig.

„Tja, weißt du, ich meine ...," spielte er falsche Verlegenheit. „Wie schon gesagt: Echte Rennfahrer können das."

„Na warte!", zischte Kiki. „Das zahl ich dir heim!" Und zwei Stunden später – sie hatte inzwischen zwei Pflaster, eins auf der Nase und eins am Kinn –, zwei Stunden später lag sie zusammen mit David unter einem Boliden und drückte ihm schadenfroh den Hammer in die Hand.

„Und echte Mechaniker können hämmern!"

David nahm skeptisch den Schraubenschlüssel und setzte ihn auf die verrostete Schraube. Dann hob er den Hammer, um die Schraube zu lösen. Er schlug vorsichtig gegen das Ende des Hebels. Doch das war zu zaghaft.

„Na, komm schon. Du schaffst das. Das ist Intuition. Das muss man nicht lernen. Das trägt man in sich. Und du willst dich doch rächen! Du willst Robin doch auf das Bobbycar setzen!"

Da riss sich David zusammen. Er umfasste den Schraubenschlüssel und schlug gegen sein Ende. Er spürte, wie die Schraube erbebte, wie sie sich zunächst wehrte und dann doch nachgab. Und als er siegessicher noch fester zuschlug, traf der Hammer seinen Daumen.

David schrie auf und schnellte nach oben. Doch da war der Rahmen und der traf seine Stirn.
„Autsch!", stöhnte Kiki und verzog das Gesicht. „Das hat bestimmt wehgetan. Aber richtige Mechaniker können das, weißt du, und mir hat's geholfen. Ein Schlag auf den Kopf hilft wirklich manchmal zu denken, besonders wenn's nicht der eigene ist." Sie grinste ihn an, rutschte unter dem Auto hervor und lief dann aufgeregt um es herum. „Ja, genau, ich glaube, ich hab' s. Du musst dir das wie bei einem Düsenjet vorstellen." Sie schaute zu David, der mit schmerzverzerrtem Gesicht unter dem Wagen hervorkroch. „Da sitzt der Pilot direkt auf dem Triebwerk. Sonst gibt es nur Flügel. Ja, und was beim Düsenjet Flügel sind, sind bei uns die Räder. Die Turbine ist der V8, und wir sitzen nicht auf ihm, sondern in ihm drin. Mittendrin, David. Wir bauen den Motor um uns herum. Um uns und das Auto. Hier, die Ventildeckel ziehen wir nach oben raus. Genau wie den Scoop. Und die Krümmer der Auspuffrohre biegen wir um das Cockpit herum." Sie zeigte ihm alles und grinste ihn an. Ja, und er grinste zurück, obwohl das Blut von seiner Stirn herabtropfte und sein Daumen so dick wie ein Hühnerei war.

Wenig später standen sie erneut auf dem Hügel über dem Steilhang mit dem Parcours. Kiki hatte Davids Wunde verpflastert und ihm den Daumen mit einem tennisballgroßen Verband verarztet. Sie grinste ihn an, doch der Kampf, den die beiden bisher geführt hatten, schien jetzt in Watte gepackt zu sein. Jeder hatte erfahren, was der andere konnte, und jetzt war jeder bereit, vom anderen zu ler-

nen. Oder den andern zu lehren. Deshalb ließ sich Kiki zum zweiten Mal die Augen verbinden, und David stieß sie nicht mehr einfach in den Hang. Er packte stattdessen ihren Arm und führte sie fürsorglich durch den Parcours. Zu Fuß, ohne Kart, damit sie sich an die Hindernisse gewöhnte. Und Kiki war gut. Sie ging immer schneller. Dann riss sie sich los und rannte am Ende ohne jegliche Hilfe durch die Hindernisstrecke bis hinunter zum Ziel. Kiki ballte die Faust. Sie riss sich die Binde von ihren Augen und strahlte David glücklich an. Groll, Hass und Zorn waren endlich vergessen. Sie waren jetzt wieder ein eingeschworenes Paar, und sie hatten ein Ziel, das sie unzertrennlich machte. Sie wollten sich an allen rächen: am Pan für die parteiischen Regeln. An den Nitros dafür, dass sie Robin entführt hatten. Und an Robin dafür, dass er sie verlassen wollte. Trotz Freundschaft und Schwur.
Und so standen sie dann in der Werkstatt. David vor Kiki. Er spürte, wie sie ihren Körper von hinten an seinem Rücken schmiegte, als sie zu ihm auf die Kiste stieg. Er drehte den Kopf über die Schulter zurück, und dann, dann schauten sie sich urplötzlich an. Lange und voller Vertrauen. Sie wussten, dass sie das Richtige taten, und weil sie das wussten, wussten sie auch, dass sie ihr Ziel erreichen würden. Sie umfassten das Rohr über ihren Köpfen und zogen es langsam zu sich herab. Der Sand war darin, damit es nicht knickte, wenn sie es über die Felge bogen. Es sollte einmal ein Krümmer werden. Eines von sechzehn Auspuffrohren, die um das Cockpit herumlaufen sollten, damit der V8-Motor ins Auto passte. Die galt es zu biegen. Und die waren aus Stahl. Das verlangte viel Kraft, und als sie sie alle ge-

bogen hatten, nach 36 Stunden harter Arbeit und noch härterem Training für Kiki Lilou, fielen sie beide erschöpft in den Schlaf. Es war kurz vor Morgengrauen und sie hatten noch knappe 12 Stunden Zeit. Dann mussten sie im Labyrinth sein und das Rennen fahren. Das vielleicht letzte Rennen für V8.

20 Das sagst du doch nur, weil du mich brauchst

Auch Luca schlief fest in ihrem Bett, das über denen der anderen stand. Sie hatte fast 36 Stunden wie ein Schamane getanzt. Sie war wie ein Derwisch über den Hügel gesprungen und hatte die Kraft der Sterne hinab zu ihren Freunden in die Werkstatt gerappt. Sie hatte für sie die Leiter gebaut, auf der sie zu ihren Träumen gelangten. Doch jetzt schien die Sonne. Sie hatte sich schon über den Hügel erhoben, und es war höchste Zeit. Es blieben ihnen keine sechs Stunden mehr bis zum Start des Rennens im Labyrinth. Aber sie war zu müde. Die Lider ihrer Augen schienen Tonnen zu wiegen. Sie blinzelte kaum und das, was sie sah, schien weit weg zu sein. Als würde sie träumen. Oh ja, die ganze Geschichte erschien ihr wie ein einziger Traum. Ein böser Traum, der nicht wahr sein konnte. Robin war ihr bester Freund. Er konnte nicht bei den Nitros sein. Bestimmt lag er in seinem Bett unter ihr und unter der rostigen Kofferraumhaube des alten VW-Käfers.

Dann hörte sie Kikis klare Stimme. Sie hörte ihr Lachen, und wie sie sprach: „Wir machen sie fertig. Ja, wir machen sie fertig.“

Sie sah das Mädchen neben der Feuerstelle. Sie lag auf dem ledernen Autorücksitz, der ihnen dort als Sofa diente, und ihr Kopf ruhte auf Davids Schoß. Der kitzelte sie mit einer Blume wach.

„Wir machen sie fertig“, murmelte Kiki noch einmal und wischte im

Schlaf die Blume weg. Doch sie erwischte dabei die Finger des Jungen.
„Hey!", wachte sie auf. „Was machst du da, David?"
Der grinste sie an. „Sag das noch einmal, Kiki", bat er das Mädchen, und die war plötzlich wieder hellwach. Genauso wie Luca.
„Wir machen sie fertig!", sagte Kiki entschlossen. „Aber nur, wenn du keine Schnarchnase bist. Na, komm schon, beeil dich, wir haben zu tun." Und dann rannte sie zum Brunnen, sprang hinein und stieg mit David in die Werkstatt hinab.

Dort standen die beiden schwarzen Boliden und warteten darauf, vollendet zu werden. Ja, „vollendet" war das richtige Wort. Sie waren schlicht und einfach und ganz ohne Schnörkel. Nur die Ventildeckel und der Scoop unterbrachen die glatte Karosserie einer leicht elliptisch geformten Rakete. Jetzt fehlten nur noch die acht Krümmer, die um das Cockpit herumführen sollten, und die hielten Kiki und David in ihren Händen.
Luca trat durch das große Tor. Sie sah die Spannung in den Gesichtern der Freunde, als sie jetzt von zwei Seiten zum ersten der beiden Rennwagen gingen. Würden sie passen? Passten die Rohre in die Öffnungen, die sie dafür gelassen hatten? Hatten sie wirklich gut gearbeitet? Gut und genau?
Kiki sah David in die Augen, und sie versuchte, ihre Angst herunterzuspielen.
„Wie geht's deinem Daumen?", fragte sie ihn und grinste, als er die Hände hob. Die Hände, die die Krümmer hielten. Hinter denen ragten inzwischen zwei tennisballgroße Verbände hervor, und David,

der genauso wie Kiki keine Angst zeigen wollte, grinste zurück. „Die haben viel von dir gelernt.“

Dann knieten sie sich neben die Autos. Sie hoben die Krümmer an die Löcher und schoben die Stutzen langsam hinein. Sie hielten die Luft an. Die Zeit schien zu stehen. Doch dann klickten die Verschlüsse und rasteten ganz sauber ein. Die Rohre passten wie angegossen. Sie schmiegten sich an die Karosserie und waren absolut symmetrisch. David spähte zu Kiki hinüber. Er lachte erleichtert.

„Was hab ich gesagt? Du bist eine fantastische Lehrerin.“

Sie lachte zurück.

„Ja, und ich wette,“ grinste David entschlossen, „dass du eine noch viel bessere Schülerin bist. Komm, zeig's mir. Beweis es!“

Er rannte zur Leiter und stieg durch den Brunnen zum Lager hinauf. Doch Kiki folgte ihm nur langsam. Plötzlich schien ihre Freude verpufft und Zweifel runzelten ihre Stirn.

Luca beobachtete das mit großer Besorgnis. Kiki stieg zögernd in das rostige Gokart. Sie ließ sich wortlos die Augen verbinden. Dann klammerte sie sich an das Lenkrad, als würde sie sonst in den Abgrund stürzen. In den hatte sich der Hang verwandelt, auf dem sich der Parcours befand. Sie saß einfach da und zerbiss sich die Unterlippe, bis David das Ziel am Fuß des Hügels erreichte. Sie hörte ihn rufen:

„Na, komm schon. Du kannst es! So wie ich es geschafft habe, einen Hammer zu halten!“

Luca sah David. Er hob stolz die Hände und sah auf die Daumen. Er sah die straußeneiergroßen Verbände und verlor seinen Mut. So wie

Kiki ihn längst verloren hatte. Und die riss sich jetzt ihren Helm und die Augenbinde vom Kopf.

„Das sagst du doch nur, weil du keinen anderen hast. Ich kann das nicht, hörst du! Ich kann nicht fahren!"

Zornige Tränen schossen ihr in die Augen und dann war es still.

Luca sah das und hörte die Stille. Sie fühlte die Tränen, die Kiki weinte, und sie spürte die dicken Verbände, die David an seinen Daumen trug. Sie kannte diese Stille. Sie kannte sie gut. Es war diese unbarmherzige Stille, in der man die Schuld bei sich suchen musste. In der man sich nicht mehr verstecken konnte: Du bist allein schuld. Du wirfst die Flinte ins Korn und das nur vier Stunden vor dem Ziel. Du hast nicht den Mumm, es durchzuziehen. Du bist ein Verlierer, und Robin hat richtig gehandelt, dass er dein Team verlassen hat. Jeder hat recht, denn du lässt sie im Stich.

Ja, doch das galt nicht für Kiki oder für David. Das galt jetzt für sie. Für Luca Michele. Es lag alles an ihr. Das hatte ihr ihre Mutter gesagt und bewiesen. Sie war der Frontman und Motivator, das Herz der V8.

Also reiß dich am Riemen!, raffte Luca sich auf. Sie umfasste ihr Herz. Das silberne Herz mit dem schlafenden Drachen. Sie zog sich die Kette über den Kopf und ging zu ihrer Freundin.

„Und ob du das kannst", sagte sie entschlossen zu Kiki und legte ihr die Kette um. „Das ist das Herz von Drachenherz. Das kauft man sich nicht. Das bekommt man geschenkt. So wie Papa es mir geschenkt hat, damit ich mich traue, zur Schule zu gehen. Weißt du? Im Dachsmannkostüm. Ich habe doch damals nichts anderes getragen, und ich hatte so Angst, dass man mich auslachen wird. Luca, den Dachsmann mit den Krallensocken. Doch jetzt schenk ich's dir. Damit du dich traust. Das tust du doch, oder?“

Sie verband Kiki die Augen, setzte ihr den Helm auf den Kopf und schnallte den ledernen Kinnriemen fest.

„Spürst du die Kraft, die in dem Drachenherz schlummert? Den Mut, meinen Mut und den Mut all der Menschen, die es vor mir getragen haben? Denn das Herz ist schon alt, sehr, sehr alt, hörst du, und es wurde immer in Freundschaft verschenkt. In Freundschaft und Liebe.“

Sie musterte Kiki, und die hob die Hand. Sie schloss ihr Visier und dann stieß sie sich ab. Sie schoss in den Hang, und während Luca in einem neuen Rap explodierte, jagte sie durch die Hindernisse hindurch.

„V8,
das ist die Macht
und die Kraft,
die dieses Universum am Leben hält.
Also gute Nacht,
trinkt euren Saft,
und tut ein letztes Mal, was euch gefällt!
Was euch gefällt!
Alles wird wieder gut.
Verliert jetzt bloß nicht euren Mut!“[3]

David konnte nicht glauben, was er sah. Er vergaß vor Staunen zu atmen, und er holte erst wieder Luft, als Kiki durch Ziel schoss. Dann schrie er auf:

„Ja!“, schrie er. „Ja!“

Und Kiki saß da. Ungläubig zog sie sich das Tuch von den Augen und flüsterte leise: „Ich hab es geschafft. Ich hab es geschafft!“

Dann explodierte auch sie. Sie sprang aus dem Sitz, umarmte David und schaute zu Luca empor, die den Hügel hinablief, um zu ihnen zu kommen. Um mit ihnen zu feiern.

---

3 Banana Fishbones V8^{2} – Die Rache der Nitros

„Ich hab es geschafft!", lachte Kiki begeistert.
„Was hast du denn gedacht! Ich hab's dir gesagt. Wir schlagen die Nitros!", lachte David zurück.
„Ja!", lachte Kiki. „Und dann steck ich Robin, dem Verräter, persönlich den Schnuller in den Mund!"
Sie tanzten mit Luca zu dritt im Kreis und dankten dem Mädchen. Sie fühlten sich stark und als sichere Sieger, doch sie wussten nicht, dass sie beobachtet wurden.

Cheetah saß hinter einem Felsen versteckt und klappte ihr Nitro-Handy auf. Sie wählte die Nummer von Robins Vater:
„Wir sollten uns treffen. Auf dem Bahnhof im Süden. Und lassen Sie diesmal ihre Hunde zu Hause."
Sie lächelte kalt:
„Dann sage ich Ihnen auch, wo das Rennen stattfindet."

21 Zerstör seinen Traum

Robins Vater stieg aus dem Jaguar. Dessen dämmerungsgraue Metallic-Lackierung passte perfekt zum Betongrau des überdachten Bahnhofs. Als wäre er für diese Umgebung gemacht. Ja, Robins Vater hatte dazugelernt. Er ließ sich nicht gern zweimal verladen. Die maskierte Frau würde ihnen nicht noch einmal entwischen, und deshalb hatten sie eine Videokamera an einer der vielen Säulen versteckt. Sie überwachte den Bahnsteig und sendete die Bilder direkt zu Habicht ins Polizeirevier. Der stand dort hinter Grunz vor der Kontrolleinheit und sah und hörte alles mit. Robins Vater trug einen Knopf im Ohr, und damit Habicht rechtzeitig eingreifen konnte, verbargen sich Kojak und Calahan zwischen den Bahnsteigen auf den Gleisen.

Trotzdem war Robins Vater auf der Hut. Er ging langsam an den Bänken vorbei. Dort hatten beim letzten Mal die Puppen gesessen. Doch jetzt waren sie leer. Der Bahnsteig war leer. Nur das rotweiß gestreifte Zuckerstangenpodest stand einsam in der Halle.

„Scheint so, als hätte ihr Clown den Braten gerochen“, spekulierte Habicht nervös.

„Das werden wir sehen“, antwortete Robins Vater und betrachtete den kleinen Knopf in der Mitte der Felge, die das Podest oben abschloss. Er drückte den Knopf und im selben Moment explodierte ein Sprengsatz. Nur ein paar Meter von ihm entfernt schoss eine Rauchsäule hoch und heraus trat die Frau mit den Federn.

„Was werden wir sehen?", fragte sie amüsiert, „Und seit wann führst du Selbstgespräche und das noch im Plural?"

Robins Vater wich unwillkürlich ein, zwei Schritte zurück.

„Ich hab nicht gewusst, dass wir uns duzen", sagte er kalt, um sich selbst zu beruhigen.

„Da war es schon wieder", grinste die Frau. „Wir sehen. Wir duzen."

Sie ging auf ihn zu, und obwohl Habicht im Polizeirevier alles sehen konnte, obwohl sich seine Männer in der Nähe versteckten, spürte Robins Vater plötzlich Angst. „Aber wie ich sehe“, sprach die maskierte Frau weiter, „spielt eure Majestät diesmal mit offenen Karten. Ich habe deine Männer sofort entdeckt.“
Sie deutete mit dem Kopf zu den Gleisen hinab, wo sich die Polizisten vor ihr verbargen. Die schwarzen Overalls verschwammen schemenlos in den Schatten und ihre gelbschwarzen Sturmhauben passten perfekt zu der gelbschwarzen Warnleiste über dem Prellbock.
Grunz, der die Kamera im Polizeipräsidium mit einem Joystick bediente, zuckte erschrocken zusammen, und bei Habicht spannten sich die Muskeln. Diese Frau war mit allen Wassern gewaschen. Er griff schon zum Mikro, um Robins Vater zu warnen. Er wollte ihm sagen, dass er das Treffen abbrechen sollte. Da kam ihm die unheimliche Fremde schon wieder zuvor.
„Aber hab keine Angst. Ich werde heute nicht abhauen“, sagte sie so, als wollte sie alle beruhigen. „Ich werde nicht fliehen, und es gibt keine Bombe. Außer diesem kleinen Wachmacher hier.“
Mit diesen Worten zog sie die Hand hinter dem Rücken hervor, präsentierte die rotweiß gestreifte Handgranate und riss den Sicherungsring blitzschnell ab.
„Heiliger Strohsack!“, schrie Grunz, und die Frau verzog ihr Gesicht zu einer Grimasse des Spotts. „Dein Mann im Ohr pisst sich gerade ins Hemd.“ Dann wurde sie ernst. „Aber du bist zu cool, um Gefühle zu zeigen. Du hast keine Angst!“

Sie musterte Robins Vater und der hatte Mühe, seine kalte Fassade vor ihr zu wahren. In Wirklichkeit spürte er mehr als Angst.

„Jetzt machen Sie schon. Packen Sie die Granate und werfen Sie sie weg!“, hörte er Grunz über Funk, und die Frau, die jetzt so nah vor ihm stand, dass er ihren Atem spürte, wurde todernst.

„Los, tu, was er sagt!“, riet sie ihm leise. „Das ist besser für dich. Es sei denn, du bist bereit für die Wahrheit, Rasmus.“

Sie schaute ihm tief in die Augen, und Robins Vater wurde ganz heiß. Er spürte schon wieder dieses Gefühl, vor dem er die größte Angst empfand.

„Wer sind Sie?“, fragte er aufgelöst, und die Frau seufzte ehrlich: „Oh, das wurde auch Zeit.“ Sie trat noch näher an ihn heran. „Nun, ich bin die, die weiß, wer du in Wirklichkeit bist.“ Sie ließ ihre Worte lange wirken. „Ein Vater, der seinen Sohn verrät. Und deshalb liefer ich dir alle. Die V8, die Nitros, die Burg, ja, selbst der Pan wird beim Rennen anwesend sein.“ Sie gab ihm den Brief, den der Gründer der Burg den Nitros geschrieben hatte, als letzten Beweis. „Ist das Wahrheit genug?“ Dann griff sie zur Maske und setzte sie ab.

Robins Vater taumelte einen Schritt rückwärts.

„Cheetah?“, hauchte er, als wäre sie ein Geist. Eine Tote, die nie gestorben war. Doch er konnte nicht glauben, dass sie ihre Kinder verriet. „Warum machst du das, Cheetah?“, fragte er sie, als würde er sie noch immer lieben, und Cheetah Savannah wollte was sagen. Da kam ihr Kommissar Habicht zuvor.

„Verhaftet sie!“, schrie er ins Mikro, und bevor Robins Vater und

Cheetah begriffen, was dieser Befehl bedeutete, hatten Kojak und Calahan die Frau schon gefasst.

„Oh, Habicht ist auch da!“, flüsterte Cheetah und strafte ihren Exmann mit kalter Verachtung. „Nun, es gibt zwei Wege, wie du deinen Sohn behalten kannst. Hilf ihm, unterstütz ihn …“

„Oder zerstör seinen Traum!“, schnaubte Habicht triumphierend, und Cheetah, die das durch Rasmus’ Knopf im Ohr hörte, wurde von Kojak und Calahan weggezerrt.

„Habicht hat recht“, rief sie zu Robins Vater zurück. „Und den Plan für den zweiten Weg findest du in der Granate.“

22 Heute gehen wir auf Kinderjagd

Habicht ließ sich seinen Triumph nicht nehmen. Er brachte Cheetah persönlich in die Zelle zu Frodo und Sam und grinste vergnügt, als er die Mienen der Männer sah, die auf den beiden Pritschen saßen. „Uh, die sehen aber nicht sehr freundlich aus. Ich hoffe für dich, sie lassen dich leben.“ Er öffnete ihre Handschellen und stieß sie rüde zu Frodo und Sam. „Wegen ihr gehen wir heute auf Kinderjagd.“ Dann verließ er die Zelle und trat ins Büro. Dort hatten Kojak und Grunz den großen Tisch freigeräumt, auf dem Calahan stand. Er hakte die Granate an der Decke fest und drückte einen kleinen Knopf an der Seite des Sprengkörpers. Sofort leuchtete eine Lampe in der Granatenspitze auf und projizierte ein Bild auf den leeren Tisch. „Oh, sieh einer an!“, raunte Habicht zufrieden und musterte die Projektion. Sie zeigte ein Stahlwerk, das wie eine Festung von Mauern umschlossen im Grauen Wald lag. „Das Labyrinth,“, zischte Habicht. „Die Hausstrecke der Nitro-Freaks. Wer möchte da nicht Minotaurus sein? Ich meine das Monster, das sich darin versteckt.“ Er schaute verschlagen zum Bürgermeister, doch Robins Vater war in Gedanken. Er sah noch immer zur Zellentür und suchte den Blick von Cheetah Savannah.

„Warum machst du das?“, schien er sie fragen zu wollen, und Habicht gab ihm die spöttische Antwort. „Weil sie eine Schlange ist! Das wissen Sie doch. Sie haben sich doch von ihr getrennt. Sie kommt aus dem Süden. Und verkörpert der Süden nicht alles für sie, was Sie abgrundtief hassen?“

Kommissar Habicht ging auf ihn zu.

„Kommen Sie, Herr Bürgermeister!“, sagte er freundlich und führte ihn zur Projektion. „Schauen wir uns die Strecke an und bauen wir eine hübsche Falle.“

Cheetah sah ihnen dabei zu. Sie lehnte am Gitter der Zellentür und beobachtete alles mit dunkler Miene. Da hörte sie leises Kleiderrascheln. Sie drehte sich um. Sie sah Frodo und Sam, die alle Vorkehrungen trafen, um eine Rakete zu bauen, einen Zettel zu schreiben und die Nachricht zu ihren Freunden zu schicken. Auf den Rücken des Drachens. Sie mussten sie warnen. Doch Cheetah hinderte sie daran.

„Ihr denkt nicht daran, eine Nachricht zu schicken. Oder ich rufe die Bullen“, drohte sie ihnen. „Dann fliegt ihr beiden Spitzel auf!“

23 Zeit für Plan B

Frodo und Sam schienen auf Cheetah zu hören. Auf jeden Fall wartete Angelina vergeblich. Sie spähte seit Stunden zum Horizont. Sie scannte den Himmel über dem Wald und hielt es dann einfach nicht mehr aus. Sie sprang auf das Dach des T1-VW-Busses, als könnte sie ihre Freunde beschwören.

„Kommt schon! Schickt mir eine Nachricht!", rief sie nach Süden, wo der Graue Wald den Horizont verschluckte. Dahinter lag irgendwo Habichts Gefängnis. „Frodo und Sam! Ich kann es doch riechen. Da ist etwas faul."

Sie spürte die Blicke in ihrem Rücken. Dort standen ihr Mann und Kikis Mutter. Die dachten dasselbe, und als sie sich ratlos zu ihnen umwandte, fiel ihr Blick auf das Zeltdach vor dem Bus. Das spannte sich vor der Seitentür, und auf ihm lag eine Rakete. Eine Nachrichtenrakete von Frodo und Sam, um die eine Spinne schon ihr Netz gewebt hatte. Die muss hier schon seit Tagen liegen, begriff Angelina sofort, sprang vom Bus auf den Boden, rannte um das Auto und zerrte die Rakete vom Zelt. Sie riss die blaue Spitze ab, fingerte ungeduldig den Zettel heraus und las dann die Nachricht:

„Die Nitros sind Verräter. Sie sind Rasmus' Köder für die Kids."
„Dann ist das Labyrinth eine Falle!", kombinierte Angelo und Andalee führte den Gedanken zu Ende. „Dann wartet Habicht dort auf die Kinder!"
„Auf die Kids und den Pan!", nickte Angelina und rollte den Zettel wieder zusammen. „Los! Packt das Seil ein und die Haken. Es wird höchste Zeit für Plan B."
Sie sprang in den Wagen, Andalee saß schon hinter dem Steuer, und dann fuhren die drei Erwachsenen los. Sie verließen das Lager, ohne die Kinder zu warnen, und die bekamen von allem nichts mit.

Die befanden sich zu dritt in der Werkstatt unter dem Lager. Kiki packte die Rennkluften aus. Die braunen Jacken und Hosen aus Leder. David lackierte ihre Helme, damit sie zu den Autos passten. Und Luca zog Rallyestreifen über die Karosserien. Streifen aus Rost und Karibiktürkis. Das waren ihre Farben.
„Schwarz für ihre Entschlossenheit. Rost für die Rache, die Rache an Robin. Und Karibiktürkis für unseren sicheren Sieg." Luca murmelte leise wie ein böser Schamane und sah auf die Uhr. Sie hatten noch anderthalb Stunden Zeit. Das heißt, in 50 Minuten mussten sie die Werkstatt verlassen, um rechtzeitig zum Labyrinth zu kommen.

24 Das Spiel mit dem Feuer

„Noch neunzig Minuten!“, sagte Habicht und grinste. „Die Zeit sollten wir nutzen, um etwas zu essen. Sie wissen doch, Rasmus. Ich gewinne so ungern auf nüchternen Magen und für eine schnelle Nudel ist noch Zeit.“

Er hielt dem Bürgermeister die Flügeltür auf und überquerte hinter ihm die Straße. Dann traten sie in das kleine Lokal, und Habicht setzte sich gerade an einen der rotweiß karierten Tische, als der VW-Bus am Restaurant vorbeifuhr. Er passierte die Front des Präsidiums, fuhr einmal um das pompöse Gebäude und erreichte die Einfahrt des Hinterhofs. In die setzte Andalee rückwärts hinein. Angelina sprang noch aus dem fahrenden Bus, hakte das Seil an die Anhängerkupplung und lief mit den beiden anderen Enden zur Wand mit dem Zellenfenster. Unter dem stand schon Angelo. Er schloss seine Hände vor dem Bauch. Angelina nutzte die Räuberleiter, sprang auf die Schultern ihres Mannes und spähte durch das Gitter in die Gefängniszelle hinein.

„Hey, Frodo und Sam, es wird Zeit für einen Ausflug!“, lachte sie durch das Gitter in die Gesichter der Männer. „Und ich hoffe, ihr habt schon die Koffer gepackt. Ich brauche Fische und Porsche Puscher. Wir müssen Habicht ärgern!“

Ja, das war ihr Plan: So wie sie Robin und David geholfen hatten, vor Habicht und Robins Vater aus der Falle auf der Kartbahn zu fliehen, wollte sie ihnen jetzt wieder helfen. Und dafür brauchte sie alle, die ihnen damals geholfen hatten. Angelo, Andalee, Frodo und Sam! Sie hakte die beiden Enden des Seils mit eisernen Haken ans Gitter des Fensters und wollte von Angelos Schulter springen, da hielt sie eine Stimme zurück.

„Halt!“, befahl Cheetah. „Das ist ein Fehler!“

„Heissassah Hui!“, zischte Angelina. Sie hatte die Mutter der Nitros entdeckt. „Die ist ja auch da!“

„Und sie hat das Rennen an Habicht verraten!“, sagte der Döner-Diner-Mann.

„Ja, sie will alle verraten!“, nickte Sam Kamschik und schickte Cheetah einen vernichtenden Blick. Doch die trotzte ihm cool.

„Genau“, sagte sie. „Das hab ich getan, und deshalb solltet ihr schleunigst verschwinden. Ihr solltet euch raushalten, falls euch eure Kinder was wert sind.“

„Wie bitte? Was?“, Angelina platzte der Kragen. „Du verrätst deine Kinder, deinen Vater, die Burg, und du willst uns erzählen ...“

„Ich verrate sie nicht“, schnitt ihr Cheetah den Satz ab. „Ich versuche, sie zu retten.“

„Ich lache mich tot!“, spottete Frodo Bilboa.

„Ja, tu das, wenn du willst.“ Die Mutter der Nitros verdrehte die Augen.

„Seid ihr wirklich so blind?“, fragte sie die anderen genervt. „Wo wollt ihr denn hin, wenn ihr heute hier ausbrecht und Habicht zu den Fischen schickt? Wo versteckt ihr euch dann? Und wie lange soll das dauern? Ein Jahr oder zwei oder noch länger? Bis Habicht in Rente geht? Oh, dann sind eure Kinder erwachsen, und ihr Traum ist dann tot.“

Ihre Stimme wurde jetzt leise, und alle hörten ihr zu. Frodo Bilboa war das Lachen vergangen.

„Kapiert ihr das nicht?“ Cheetah atmete tief. „Robins Vater ist einfach zu stark. Zu stark für die Burg, und die kann nur überleben, wenn er die Bullen zurückpfeift. Wenn er zu uns hält.“

„Ach ja?“, zischte Angelo. Er wankte schon etwas unter dem Gewicht seiner Frau, die immer noch auf seinen Schultern stand. „Und wie soll das gehen? Der Kerl ist ein Arsch!“

„Der so lange ein Arsch bleibt, bis man ihn überzeugt, dass er vielleicht etwas anderes ist.“ Cheetah ließ sich nicht beirren. „Ich meine unsere Kinder. Wenn sie heute zusammenhalten. Wenn sie ihre Feindschaft, den Hass und alle Rachegedanken begraben, zeigen sie ihm, wie stark ihr Traum ist. Wie stark und wie gut.“

„Und wenn sie es nicht tun?“, fragte Sam Kamschik besorgt.

„Dann verlieren sie alles“, sagte Andalee leise. Sie hatte das Steuer des Busses verlassen und stand jetzt vor Angelo. „Sie und alle Kinder, die denselben Traum träumen. Den Traum von der Burg.“

„Und die ist dann tot“, flüsterte Frodo betroffen, und sein italienischer Akzent ließ den Satz Tonnen wiegen.

„Ja“, nickte Cheetah, „und ich verlier meinen Sohn. Ich verlier meine Kinder, und alle werden mich hassen für meinen Verrat.“

Tränen standen in ihren Augen, und Angelina, die sie vor ein paar Minuten noch verachtet hatte, fragte jetzt leise in die Stille: „Ist der Einsatz nicht etwas zu hoch?“

„Nein“, flüsterte Cheetah fast ohne Stimme. „Wenn man alles verlieren kann, muss man alles riskieren.“

„Okay. Ich verstehe“, Sam Kamschik nickte.

„Und wir dürfen nicht helfen?“ Andalee schaute Angelo an.

„Das müssen unsere Kinder ganz alleine schaffen?“, fragte der Vater von David, und Cheetah Savannah nannte als Antwort die Regel der Burg, die genau das besagte.

„Ja,“, sagte sie. „Wir sind alle erwachsen. Und für Erwachsene ist die Burg tabu.“

„Und das ist auch gut so“, nickte Frodo Bilboa. „Denn wie sollten unsere Kinder sonst stark werden können, wenn man ihnen immer hilft?“

Da löste Angelina die Haken vom Gitter, sprang von Angelos Schulter und ein paar Sekunden bevor Robins Vater und Habicht aus dem Lokal zurückkehrten, verschwand der VW-Bus in der Stadt.

25 Das Labyrinth und der siebte Grad

Zur selben Zeit, als die Eltern beschlossen, das Schicksal der Burg in die Hände ihrer Kinder zu legen, zur selben Zeit, als Habicht und Robins Vater vom Essen zurückkehrten, als sie Cheetah in Handschellen in einen der Porsches verfrachteten, um sich mit ihr im Labyrinth zu verstecken, zur selben Zeit versammelten sich Robin und seine drei Schwestern in der Manege der Nitrohalle. Samba kniete schon auf dem Boden und zeigte auf ein großes Poster. Eine Luftaufnahme des Labyrinths. Dieselbe Aufnahme der Stahlfabrikfestung, die Cheetahs Granate im Polizeirevier für Habicht und Robins Vater auf den Tisch projiziert hatte.

„Das ist das Labyrinth", erklärte sie Robin, der sich zu ihr auf eine Kiste setzte. „Und das ist die Strecke, die innerhalb seiner haushohen Mauern unter den Hochöfen und Rohren verläuft." Sie packte das Poster, zog es zur Seite und offenbarte darunter den Grundriss des sonst so unübersichtlichen Geländes.

„Los! Präg sie dir ein!", forderte Venice von Robin und legte Fotos vor seine Füße, die die wichtigsten Orte zeigten.

„Du musst sie in- und auswendig können!", erklärte ihm Mardi. „Denn das Rennen des siebten Grads ist ein ganz besonderes Rennen. Das wird du gleich sehen."

„Siehst du den Tunnel?", fragte Samba und zeigte auf eines der vielen Fotos. Robin nickte und schloss dann die Augen. Er tat dasselbe, was

er mit David trainiert hatte. Er stellte sich die Rennstrecke vor, bis sie sich in sein Gehirn einbrannte und er sie blind hätte fahren können.

„Vor diesem Tunnel starten die Fahrer!“, fuhr Samba nach einer Pause fort, und Robin sah die beiden Ampeln. Sie leuchteten rot.

„Doch wir fahren kein Rennen!“, warnte ihn Venice noch einmal.

„Auf jeden Fall keines, wie du es gewohnt bist!“

„Es geht nicht über eine Anzahl von Runden!“ Mardi Gras ging um alle herum und ließ Robin dabei nicht aus den Augen.

„Bevor die Ampel auf Grün springt, schließt sich das Tor“, sagte Samba.

„Dann sind wir gefangen“, fügte Venice hinzu.

Robin sah, wie sich das Stahltor donnernd schloss. Er zuckte zusammen, und Mardi Gras, der das nicht entging, setzte die Erklärungen trocken fort. Sie war eine Profirennfahrerin.

„Und das Rennen geht so lange, über so viele Runden, bis wir den Schlüssel haben, um es wieder zu öffnen.“

„Wir brauchen die Münzen!“, sagte Venice bestimmt.

„Zwei von drei Münzen“, sprach Samba weiter.

„Sie öffnen das Tor“, erklärte ihm Venice und Robin, dessen Augen noch immer geschlossen waren, sah sich selbst vor dem Tor. Er steckte zwei Münzen in ein Clownsgesichtschloss, das sich auf einem der Flügel befand.

„Und diese drei Münzen fallen nacheinander auf die Strecke herab“, beschrieb Mardi Gras. „Irgendwo, hörst du, irgendwo auf dem Parcours. Das entscheidet der Pan.“

Robin konzentrierte sich. Mit ganzer Vorstellungskraft schaute er sich auf der Rennstrecke um und entdeckte die Münzen. Sie fielen von oben auf die Piste herab und blieben an langen Fäden knapp über den Köpfen der Fahrer hängen.

„Du musst versuchen, sie abzureißen!“, hört er Mardi Gras.

„Aus voller Fahrt!“, erklärt ihm Venice. „Und der, der führt, hat die besten Chancen. Er kriegt die Münzen. Also pass genau auf. Präg dir die Strecke ein.“

Robin nickte. Er raste in Gedanken durchs Labyrinth und ließ sich dabei von Samba führen. „Der Hügel ist tückisch. Er liegt am Ende der ersten Geraden direkt vor der Kurve. Auf der und der zweiten kannst du überholen. Dafür ist es hier unter den Öfen zu eng.“ Sie zeigte auf die erste Schlaufe, die kurz vor der Schikane lag. „Und das ist zu gefährlich.“ Die zweite Schlaufe lag auf der anderen Seite. „Du hast also nur die beiden Geraden und die große Schikane zum Überholen.“ Sie legte die Finger auf die Stelle, an der sich die Piste als Acht einmal kreuzte. „Über die fährst du zweimal in jeder Runde, bevor du wieder zum Start zurückkommst. Merk dir das, Robin.“

„Denn das Rennen kann kurz sein“, übernahm Mardi Gras. „Manchmal fallen alle drei Münzen schon in der ersten Runde.“

„Und wenn du dann nicht vorne bist“, flüsterte Venice bedeutungsschwer, „dann kannst du gleich stehen bleiben. Dann hast du verloren.

„Es sei denn, du nutzt den Loserstopp!“ Samba grinste übers ganze Gesicht. „Am Ende der zweiten Gerade vor der großen Schikane“, erklärte sie weiter. „Es ist nur ein Griff, der auf die Strecke hängt. Doch er bewirkt Wunder.“

Robin sah den Notbremsengriff, der an einem Draht über der Geraden hing. Loserstopp las er als Beschriftung und Venice übersetzte ihm, was das hieß.

„Er ist fies und gemein." Sie genoss jedes Wort. „Doch er bewirkt wahre Wunder." Samba grinste so breit, wie sie konnte, und Mardi Gras stellte sich neben ihn. „Hast du das alles verstanden, Robin?" Sie wartete geduldig, bis er die Augen aufschlug und zu ihnen zurückgekehrt war. Dann nickte der Junge, und sie hob die Hand. „Gut. Das ist gut. Dann kommen wir heute in die Burg!" Sie lächelte siegessicher und er schlug ein.

26 Wir machen sie fertig! Platz für V8!

Jetzt war es so weit. Robin stand vor dem Spiegel in der Werkstatt der Nitros und schnallte den rosa Brustpanzer über den silbernen Rennanzug. Er griff zum Helm mit der wilden Mähne und hielt plötzlich inne. Er sah sein Gesicht und die fremden Klamotten und fühlte einen riesengroßen Verlust. Den Verlust seiner Freunde. Da hörte er Venice. Sie ging zu dem Auto, das für ihn bestimmt war.

„Spring durch das Feuer!“, sagte sie fordernd und machte ihm Mut.

Er setzte den Helm auf.

„Tanze in ihm!“, sang Samba weiter. Sie reichte ihm die Gespensterclownmaske. „Und reite den Blitz ...“

„... hinauf zu den Sternen!“, übernahm Venice noch einmal, und Robin vollendete seine Verwandlung. Er setzte die Brille auf die Maske und drehte sich zu den Mädchen um: Jetzt war er ein Nitro. Jetzt war er ein Freak.

Und an dem wollten sich David, Luca und Kiki Lilou heute rächen.

Luca öffnete das große Tor und ließ das Licht auf die Boliden fallen.

Die standen zum Sprung geduckt in der dunklen Werkstatt. Zwei nachtschwarze Panther in den Farben der Sieger.

„Sei gut!“, raunte Luca.

„So gut, wie du kannst!“, antwortete David und stieg in sein Auto.

„Dann kannst du der Beste sein!“ Luca war stolz, doch Kiki Lilou schien noch einmal zu zweifeln.

„Wenn du dich traust“, sagte sie viel zu leise. Sie saß schon im Cockpit ihres Boliden, und der V8-Motor forderte ihren ganzen Respekt. Der war etwas anderes als ein rostiges Gokart.

Luca, der Frontman, reagierte sofort. Sie musste die Zweifel von Kiki vertreiben.

„Los! Kommt schon!“, rief sie. „Erweckt die Panther zum Leben.“ Sie lief zu den Autos und sprang bei David aufs Heck. „Ich will endlich hören, wie sich unsere Rache anhört! Unsere Rache an Robin!“

Ja, und das Röhren der Motoren erfüllte den Rest. Die Werkstatt erbebte und der Donner, der aus den Krümmern brach, verlieh selbst Kiki das Gefühl, dass sie jetzt unbesiegbar war.

„Macht Platz für V8!“, rief Luca ins Brüllen der 16 Zylinder und dann rasten sie durch das Tor und über die Steppe am Drachenrücken vorbei zurück in den Wald, den Grauen Wald, in dem sich das Labyrinth verbarg.

27 Ich hasse dich, hörst du?!

Sie kamen viel früher an, als es Kiki lieb war. Mitten im Wald wurde der Weg plötzlich zu einer befestigten Straße, die breit genug war, dass die beiden Boliden nebeneinander fahren konnten. Danach wichen die Bäume zurück und gaben den Blick auf die Mauern frei, die das Labyrinth umschlossen. Je näher sie kamen, um so mehr verdunkelten diese Mauern den Himmel. Und die Schornsteine und Hochöfen, die in ihrem Innern lagen, malten Sturmwolken ins Himmelsblau.

Das waren alles ganz böse Omen, dachte Kiki Lilou. Doch es gab kein Zurück. Die Straße erreichte den Fuß der Mauern und presste sie durch einen kantigen Tunnel ins Innere des Labyrinths. Dort kämpfte der Stahl mit dem Wald. Efeu umschlang Laternenmasten und Säulen und versuchte sie zu ersticken. Doch er kapitulierte vor den schwarzen Löchern. Den Eingängen zu dunklen Straßen, die unter den Hochöfen hindurchführen mussten. Kiki fuhr wie betäubt neben David. Der Weg, den er nahm, schlug Haken nach Haken, und schon nach der vierten Abzweigung wusste sie nicht mehr, wo sie war. Sie würde nie wieder zum Tor finden können. Hinterhältige Öllachenfalle! Sie fühlte sich so, als würde sie aus der Bahn katapultiert. Ihre Räder verloren den Grip auf einem ölglitschigen Schmauch, der den Weg überzog, und sie spürte die Angst. Sie kam aus dem Bauch. Sie kroch in ihr Herz und sie steckte ihre Krallen schon in Kikis Kopf.

Da erreichten sie einen fast quadratischen Platz. Er musste im Herzen der Stahlfabrik liegen. David stieg in die Bremsen. Sie hielten am Rand. Riesige Brammen, Stahlplatten, aus denen man Bleche walzte, bedeckten halbmeterdick den Boden und auf der anderen Seite des Platzes warteten die Nitro-Freaks. Robin und seine Schwestern standen neben den Hot Rods, und obwohl die Mädchen keine Clownsmasken trugen, leuchteten ihre Gesichter in einem eisigen Licht.

Kiki sah David, der die Brille absetzte.

„Hallo, Robin!“, begrüßte er ihn so verächtlich wie damals, bevor er ihn aus der Kartbahn befreit hatte. Als Robin ein Hasenfuß und Schisser war, der seine Schwüre nicht hielt. „Hey, das ist ein echt schicker Anzug! Wow. Silber und rosa. Jetzt musst du dir nur noch einen Namen zulegen, der zu den anderen Biestern passt.“

„Wie wär's mit Verräter?!“, zischte Kiki Lilou und Venice, die auf dem Überrollbügel von Robins Bison saß, sprang zornig auf den Boden.

„Pass auf, was du sagst!“, warnte sie ihre Gegner.

„Robin ist freiwillig bei uns geblieben!“ Auch Samba sprang auf und Mardi Gras spannte die Muskeln an.

„Wir sind seine Schwestern.“

„Das stimmt!“, fauchte Luca. Sie kletterte vom Heck von Davids Boliden. „Und deshalb ist er genauso wie ihr. Und wie seine Mutter!“

„Was willst du damit sagen?“, rief Robin drohend und lief schon auf seine Exfreunde zu. „Los, sag es mir, Luca! Was hast du damit eben gemeint?“ Er packte das zwei Köpfe kleinere Mädchen. „Behauptest du etwa, dass meine Mutter eine Lügnerin ist?“ Er wollte sie auf den

NITRO
NITRO

Boden schleudern, da drängte sich David mutig dazwischen. „Lass sie in Ruhe. Das hat keiner gesagt."

Doch sein Schlichtungsversuch wurde von Kiki vereitelt.

„Das muss auch keiner sagen!", spie sie ihre Verachtung Robin direkt ins Gesicht. „Das weißt du doch selber. Der Verräter ist der Sohn einer Verräterin."

Robin stieß David wütend zur Seite und stürzte sich rasend auf Kiki Lilou.

„Ich hasse dich, hörst du!", schrie er sie an und sie schrie zurück.

„Und ich hasse dich auch!" Sie schlug mit ihren Fäusten auf seine Brust, damit er sie losließ, als die Tür eines Autos donnernd ins Schloss schlug.

Alle fuhren herum und sahen den Pan. Er stand vor dem Mustang, dem knallroten Mustang, und starrte sie an: „Und jetzt geht ihr alle zu euren Autos zurück!"

Er trug einen ochsenblutroten Mantel und sein graues Haar, das gewellt in den Nacken fiel, ließ ihn wie einen König erscheinen. Einen König, der keinen Widerspruch duldete, und deshalb ließ Robin Kiki los.

„Ich hasse dich trotzdem!", flüsterte sie gehässig, und Robin warf ihr den Satz zurück.

„Genau so, wie ich dich hasse, Kiki!"

Dann gehorchten sie trotzig. Ohne den anderen aus den Augen zu lassen, gingen sie langsam zu ihren Autos zurück. Ihre Wut und ihr Hass standen über den Brammen wie heiße Luft, die Benzin durchtränkt, kurz davor war zu explodieren.

28 Das letzte Rennen

Dem Pan entging diese Stimmung nicht. Er spürte den Hass, der die Kinder aufwühlte. Er kannte die Angst, die dahintersteckte. Die Angst, die man hat, wenn man jemanden verliert. Wenn man sich nicht vorstellen kann, ohne ihn weiterzuleben. Die Angst, die zum Hass wird, wenn man sich ihr ergibt und alle Schuld dem anderen zuweist. Wenn man sich selbstsüchtig weigert, ihn zu verstehen.

Deshalb ließ er sich Zeit. Er wartete geduldig, bis selbst der letzte der Raufbolde zu seinem Auto zurückgekehrt war. Er wartete, bis Tinkabell, die mit ihm gekommen war, an seiner Seite stand. Er sah jedes der Kids an, und dann erhob er die Stimme. Laut, aber ruhig und so deutlich und klar, dass niemand eine Silbe anzweifeln konnte. Ja, was er sprach, war in Stein geritzt und würde für immer und ewig gelten.

„Ihr seid heute hier, um ein Rennen zu fahren. Das wichtigste Rennen, das es je gab. Es geht um nichts anderes, als um das Schicksal der Burg. Habt ihr das verstanden? Gut. Dann fahrt es zu Ende. Egal, was gleich in diesen Gängen passiert. Fahrt das Rennen zu Ende, und ich halte mein Wort: Das Team, das es schafft, aus dem Labyrinth zu entkommen und als erstes durchs Tor fährt, kommt in die Burg."

Er schaute von den Nitros zu Kiki hinüber.

„Und das gilt nicht nur für die Nitro-Freaks. Das gilt selbst für euch, obwohl ihr nur einmal gewonnen habt. Willst du das noch immer ungerecht nennen?"

Doch Kiki blieb trotzig.
„Und was ist, wenn wir's nicht tun. Wenn wir das Rennen abbrechen müssen?"
„Dann wird es danach keine Rennen mehr geben!" Die Stimme des Pans klang unwiderruflich. „Dann ist die Burg tot."

„Huh, tot!", spöttelte Habicht, der alles mit anhören konnte. Er saß in seinem Porsche, und der stand versteckt jenseits der großen Schikane. Er stand hinter der Kurve, die Samba zuvor in der Halle der Nitros als eine der gefährlichsten Kurven bezeichnet hatte.
„Huh, tot!", sang er spöttisch und entblätterte einen Schokokuss wie eine kostbare goldene Blume. „Tot – nicht tot – tot!" Er zog die letzten Zipfel der Goldfolie ab. „Das tut mir so leid."
Dann hörte er wieder die Stimme des Pans. Er hörte sie über die Funkgeräte an den Helmen der Kinder, die der Scanner in seinem Porsche für ihn übertrug. Genauso wie der Scanner im zweiten Wagen. In dem saß Robins Vater zusammen mit Cheetah. Handschellen ketteten sie an den Handgriff über der Beifahrertür, und so standen sie auf der anderen Seite der großen Schikane in einer Nische des Tunnels, der unter die Hochöfen führte. Hier sollte die Falle auch später zuschnappen, sobald eines der Teams zwei Münzen besaß. Zwei Münzen, um das Tor zu öffnen.
Doch zuvor musste es noch geschlossen werden. Zuvor musste das Rennen erst einmal beginnen.

RP-AN 777

„Fahrt jetzt zum Start!“, befahl der Pan. „Und die, die nicht fahren, kommen mit hinauf auf die Brücke.“
Damit ging er zur Treppe, die zu den Rohren hinaufführte, die sich omnibusdick über das Stahlwerk spannten. Robin und Mardi Gras gaben Gas, und während die V8-Motoren von David und Kiki die Vierzylindermotoren des Nitros noch übertönten, folgten Luca, Samba und Venice dem Pan. Sie stiegen mit Tinkabell die Treppe hinauf und sahen die Autos. Die rasten dreimal um den Platz. Um die rostigen Brammen. Sie spritzten das Wasser auf, denn es hatte inzwischen stark zu regnen begonnen, und schossen dann durch eine enge Gasse zum Start.

29 Der Schisser hebt ab

Die Gasse war eng. Zu eng für Kiki. Sie fuhr als letzte der vier, und die Reifen der vor ihr fahrenden Wagen spritzten das schlammige Wasser auf die Gläser ihrer Brille. Sie konnte kaum noch etwas sehen, und als sie sich zwischen den Hot Rods der Nitros an die Startlinie stellen wollte, touchierte ihre Radschraube Robins Boliden.
„Ich hasse dich immer noch!", zischte sie böse. „Denn ohne uns wärst du gar nicht hier. Dann würdest du immer noch Gokart fahren!"
Sie wischte sich ihre Brille sauber und verschmierte den Dreck dabei nur noch mehr. Die Sätze des Pans empfand sie als Hohn.

„Seid ihr bereit?", fragte er. Er stand auf einem der dicken Rohre hoch über der Rennstrecke. Ein Zeltdach schützte ihn und seine Frau vor dem Regen. Die stand neben ihm vor einem rostigen Schaltpult. Über dem hing ein rostiges Mikro und warf ihre Stimmen über rostige Lautsprecher auf die Piste hinab. „Dann aktiviert jetzt die Sender."

Kiki und David nahmen die Kästchen von den Nitros entgegen und klemmten sie ans Armaturenbrett. Dann drückten alle den kleinen Knopf. Eine Diode erleuchtete und einen Augenblick später flammte die große Leinwand auf. Ein riesiger Bildschirm gegenüber der Brücke, auf die jetzt Luca und die Nitro-Girls traten. Sie stellten sich rechts und links vom Pan und Tinkabell auf. Die Leinwand war wie ein Computerspiel-Screen. Sie zeigte die Rennstrecke und vier Avatare. Ein Logo des Teams mit dem Bild des Fahrers. Sie zeigte drei Münzen, wie die drei Leben des Spielers. Die Sender übertrugen zudem noch die Positionen der Autos auf der Strecke, und deshalb leuchteten jetzt nacheinander zwei rosa und zwei türkisfarbene Punkte nebeneinander vor dem Starttunnel auf.

„Und ich schließe das Tor!“ Tinkabell ergriff einen Hebel und legte ihn entschlossen um.
Kiki hörte das Krächzen und Ächzen. Die stählernen Flügel schlugen ins Schloss und in die folgende Stille flüsterte Kommissar Habicht:
„Jetzt seid ihr gefangen.“

Das fühlte auch Kiki. Selbst wenn sie nichts von der Falle ahnte. Und jeder Satz, den Tinkabell oder der Pan danach sprachen, schnürte ihr die Kehle zu wie eine eisignasse Schlinge:
„Jetzt kämpft ihr um das Schicksal der Burg!“, ermahnte sie die Frau des Pans.
„Jagt die drei Münzen!“, befahl ihr Mann und drückte den Buzzer auf dem Schaltpult.
Sofort flammten die Startampeln über dem Tunnel auf. Ihr rotes Licht verschwamm auf Kikis mit Schlamm bespritzter Brille. Es blendete sie. Sie konnte nichts sehen. Sie hörte nur, wie die Motoren aufbrüllten. Dann wurde die Welt um sie herum plötzlich Grün. Sie gab Gas wie die anderen und raste ins dunkle Loch, das auf die Startgerade führte. Danach wurde es hell. Sie sah David vor sich und hörte die Stimme

von Luca. Die stand über ihnen auf der Brücke und rief durch den Lärm ins Walkie-Talkie.

„Yeah! Was für ein Start. Ihr seid Zweiter und Dritter. Ja, Mardi ist hinter dir! Kiki, du hast sie beim Start überholt!"

Luca sah in den Augenwinkeln die Bewegung des Pans. Er drückte einen Knopf, und im nächsten Moment flippte auf dem Screen gegenüber die erste Münze aus dem Magazin. Sie fiel vom Rand des Bildschirms auf die Piste und blieb dort im Tunnel hinter den Startampeln liegen.

„Ja, und da ist die Münze!", schrie Luca ins Walkie-Talkie. „Direkt hinterm Start. Im Tunnel vor der Geraden. Ihr habt also fast eine Runde Zeit, um Robin zu überholen und Erster zu werden."

„Ja, oder Letzter!", meldete sich Mardi Gras im Rücken von Kiki. „Und Luca hat sich leider geirrt. Du hast mich gerade nicht überholt. Ich habe dich extra vorgelassen. Ich fahre jetzt hinter dir, um dich zu jagen. Ich mach dich nervös."

Sie fuhr ganz nah auf Kiki auf, und die sprang jetzt über den Hügel. Den tückischen Hügel vor der ersten Kurve, die die beiden Geraden verband. Sie sprang viel zu weit, verpasste den Bremspunkt, touchierte die aus Fässern bestehende Fahrbahnbegrenzung und kickte zwei davon gegen die Wand.

„Ups! Was war das?!", spottete Mardi, das Biest. „Das ging ja viel schneller, als ich dachte! Und ich kenne die Strecke. Ich klebe an dir. Du wirst mich nicht los!"

„Hör nicht auf sie!" David versuchte Kiki zu helfen. „Du kannst das! Du schaffst das! Du hast das gelernt."

„Ja, in einem Gokart. Auf einer Wiese. Doch das hier ist anders. Das hast du gemerkt. Das weißt du längst, Kiki! Komm schon, gib's zu. Du stirbst fast vor Angst."

Sie jagten jetzt über die zweite Gerade und Mardi schubste Kiki an. So schnell war ihr Hot Rod. Oder so langsam fuhr Kiki. Deshalb gab das Mädchen jetzt Gas. Sie trat im letzten Moment auf die Bremse und riss das Kart in den Tunnel hinein. Den Tunnel, der unter die Hochöfen führte und in dem sich der Vater von Robin versteckte. Doch den sah keiner in seiner Nische und Kiki erst recht nicht. Der Dreck auf der Brille raubte ihr längst die Sicht und die einzige Orientierung war das Bremslicht von David. Doch das war jetzt weg. Kiki begriff. Jetzt kommt eine Kurve. Eine sehr enge Kurve, verflucht! Und die muss man sliden. Die kann man nicht fahren. Sie riss das Lenkrad herum, und dann spürte ihr Hintern, wie sich die Hinterradräder in die schlammige Oberfläche der Rennstrecke gruben. Das Heck rutschte weg, schlug kurz gegen eine der Säulen und dann war sie durch. Sie raste durch den Tunnel Richtung große Schikane. Sie wollte sich freuen. Doch Mardi war da und rief:

„Ha, das war knapp. Jetzt sitzt dir das Herz bestimmt in der Hose und rutscht dir gerade aus dem Schlüpfer heraus. Das hier ist eine Nummer zu groß, zu schnell für dich, Kiki."

Dann jagte sie Kiki in der Schikane, und als diese die nächsten Fässer touchierte, zerfetzte und explodieren ließ, spottete Mardi: „Und jetzt wird es ernst. Das nächste Mal fliegst du von der Strecke."

„Nein. Das tust du nicht!", widersprach David energisch, doch Kiki schien ihn nicht zu hören. Sie sah das Nitro-Girl neben sich. Es setzte zum Überholen an. Kurz vor der hinterhältigsten Kurve der Strecke. Der Kurve, hinter der sich Habicht versteckte.

„Komm, zeig mir, dass du mutig bist!“, grinste der Clown hinter seiner Maske und Kiki gab Gas. Sie ließ den Hot Rod hinter sich und erstarrte mit dem nächsten Herzschlag zu Stein. Ihre Sicht war zu schlecht. Sie tauchte durch den nachtschwarzen Gang wie ein Taucher durch Tinte. Ihre Sicht war gleich null. Doch dann fiel ein Lichtstrahl durch eine Öffnung in der Decke. Er schälte einen Bretterzaun aus dem Nichts und Kiki trat in die Bremsen. Sie trat sie durch den Boden ihres Autos hindurch ... Doch es war schon zu spät.

„Der Schisser hebt ab!“, hörte sie Mardi Gras rufen.

Dann blockierten die Reifen. Sie fuhr geradeaus, brach durch die Bretter und blieb dann abseits der Piste mit abgesoffenem Motor in einem Efeudickicht stehen. Abseits der Piste und nur sieben Meter von dem Versteck entfernt, in dem Habicht auf sie lauerte.

„Die Kleine ist hier. Ich hol sie mir, Rasmus!“, sprach Habicht über eine Frequenz, die nur der Bürgermeister hören konnte. Doch der hielt seinen Mann zurück.

„Unterstehen Sie sich! Sie verraten uns nicht. Wir packen uns den, der die Münzen hat. Kapieren Sie das?! Die anderen kommen sowieso nicht hier raus!“

Habicht gehorchte, und Luca und David hatten kaum Zeit, um sich über Kikis Ausscheiden zu ärgern. Das Rennen ging weiter. David fuhr hinter Robin in die große Schikane. Und dort stach sein Trumpf. Dort stach der V8. Er schloss zu dem rosa Hot Rod auf, kam mit Vollgas aus der Kurve und schoss am Start an Robin vorbei. Die Münze hing vor ihm. Nur noch 50 Meter entfernt. Luca sah auf dem Screen, wie Davids türkisfarbener Punkt den rosa Punkt von Robin passierte. Wie der Avatar ihres Bruders den von Robin verdrängte und sich an die Spitze der Rangordnung setzte.

„Du packst ihn!“, rief Luca. „Und du holst dir die Münze!“

David hob schon den Arm, um nach dem Metallstück zu greifen, als hinter ihm etwas laut explodierte.

Die Explosion war der Britzler. Die Elektronen-geboosterte-Lachgas-einspritzung und mit 150 PS und einem Kometenschweif aus explodierenden Funken flog Robin jetzt an David vorbei und pflückte die Münze vor ihm aus der Luft.

„Ja!“, rief er. „Ja! Ich bin besser als du! Das war ich schon immer und das bleibe ich auch! Du wirst mich nie schlagen, David Michele!“, rief er und fuhr wieder als Erster unter der Brücke hindurch.

Dort umarmten sich Samba und Venice. Sie genossen ihren Triumph vor der geschlagenen Luca. Doch die gab nicht auf. Die wollte nicht aufgeben. Die hatte das Wort „aufgeben“ aus ihrem Wortschatz gestrichen.

30 Jetzt sticht dein V8

„Na, komm schon, Pan, gib uns die zweite Münze!“, rief Luca. Und anstatt sich aufzugeben, heftete sie ihren Blick an die Leinwand, die in 50 Metern Entfernung an einem großen Kühlturm hing.
Dort flippte die Münze aus dem Magazin und landete auf der Streckenansicht. Hinter der Schikane und kurz vor der Stelle, an der Kiki durch den Zaun gerast war.
„Ja!“ Luca sprang auf. „Das ist die beste Stelle! Hörst du mich, David? Bleib hinter Robin. Hab einfach Geduld. Denn auf den Geraden ist er schneller. Aber unter den Hochöfen holst du ihn ein. Da kann er keinen Turbo zünden. Genau wie in der Schikane. Da sticht dein V8. So wie gerade eben. Dort ziehst du einfach an ihm vorbei. Er kann’s nicht verhindern und dieses Mal kommt auch keine Gerade danach. Sein Turbo ist nutzlos und du bist vorn. Du holst dir die Münze!“
Und als ob Lucas Worte Zauberkräfte besaßen, passierte das, was sie vorausgesagt hatte.
Bis zum Ende der zweiten Geraden baute Robin seinen Vorsprung aus, und Mardi Gras verfolgte David. Auch sie war schneller als der schwarze Bolide. Sie griff David an, und der hatte alle Hände voll zu tun, um zu verhindern, dass sie überholte. Doch unter den Hochöfen ließ er sie zurück. Kurz hinter der Nische, in der sich Robins Vater versteckte, holte er Robin, den Führenden, ein. Er klebte an ihm, in dem Slide um den U-Turn und schoss neben ihm in die Schikane hinaus.

Er überholte ihn wie eine Rakete auf Schienen, und als er danach die Münze ergriff, streckte Luca auf der Brücke die Arme aus.

„Macht Platz für V8!", rief sie stolz und mit einem triumphierenden Blick auf Samba und Venice sprach sie über Funk. „So, und jetzt musst du nur noch verhindern, dass sie dich überholen. Dann haben wir gewonnen. Dann sind die Verräter geschlagen. Dann gehört die dritte und letzte Münze uns!"

31 Spring durch das Feuer

„Hey, Robin! Wie war das noch mal mit dem ‚Bessersein‘?“, lachte David siegessicher und baute seinen Vorsprung in den engen Kurven nach dem Holzzaun und der großen Schikane weiter aus. Er führte jetzt mit mindestens drei satten Bolidenlängen.

„Das werden wir auf den Geraden sehen!“, kam Robins kalte Antwort über Funk zurück. „Die Trafos sind voll und der Britzler wartet nur darauf, dir meine Rücklichter zeigen zu können.“

„Dafür musst du aber erst einmal an mir vorbei!“, grinste David und tauchte in den Starttunnel ein, der ihn auf die erste Gerade brachte. Dort schaute er sich nach Robin um. Er erschrak. Der Kerl holte auf. Die Bisons der Nitros waren verflucht noch mal schnell.

„David, du packst es! Lass ihn nicht vorbei!“, rief Luca. Sie schaute zum Screen. Dort fiel die Münze. „Es ist nur die Kurve und die zweite Gerade. Da hängt sie jetzt, David! Kurz bevor die Strecke unter die Hochöfen führt.“

Doch, verflucht, die Geraden gehörten den Nitros. Robin kam näher und hinter ihm sah David schon Mardi Gras. Sie jagten ihn beide und am Ende der ersten Geraden hatten sie ihn.

„David, pass auf!“, warnte ihn Luca, und dann kam der Hügel. Der tückische Hügel, der in eine enge S-Kurve führte. Die gaben ihm Luft. Hier konnte er dem Hot Rod noch einmal entkommen. Doch in der Kurve danach, die weit geschwungen zur zweiten Geraden wurde, holten sie ihn zum zweiten Mal ein.

„David, jetzt komm ich! Jetzt überhol ich dich, hörst du?!", flüsterte Robin.
David warf einen Blick über die Schulter zurück, sah, wie sein Gegner zum Überholen ansetzte, und schnitt ihm den Weg ab. Das machte er dreimal, doch dann sah er plötzlich nicht nur einen Nitro. Zwei Hot Rods waren hinter ihm, nebeneinander, und während er Robin sicher blockierte, rief Mardi Gras: „Und was machst du jetzt? Wie willst du mir den Weg abschneiden?"
Sie drückte den Knopf. Die Elektronen-geboosterte-Lachgaseinspritzung stellte den Bison fast auf die Hinterbeine und dann schoss der Kometenschweif aus ihm heraus.
„Spring durch das Feuer!", rief Venice begeistert.
„Tanze in ihm!", forderte Samba, und Mardi Gras jagte an David vorbei.
„Und reite den Blitz hinauf zu den Sternen!" Sie hob ihre Hand. Sie pflückte die Münze. „Wir haben gewonnen, Brüderchen!"
„Ja, und jetzt fahren wir nach Hause, Mardi. Nach Hause zu Mama. Hey, hörst du das, David?!", triumphierte Robin, der hinter David und seiner Schwester in den Tunnel unter die Hochöfen jagte. „Ich bin jetzt ein Nitro und ich bin stolz darauf, hört ihr?!
David slidete um den U-Turn herum und das Blut pochte ihm dabei in den Schläfen. Jedes Wort von Robin stach ihm ins Herz, und so wie die Räder auf dem nassen Schlick rutschten, verlor er den Boden unter den Füßen. Es war aus und vorbei. Sie hatten verloren. Sie würden nicht in die Burg gelangen. Sie würden keine Rennfahrer werden. Für David brach die Welt zusammen. Da schrie Mardi Gras auf: „Natternverätzte Habichtnase!"

Sie trat in die Bremsen, und David reagierte im letzten Moment. Er blieb hinter ihr stehen. Dann sah er den Porsche, der ihnen den Ausgang aus dem Tunnel versperrte. Den blauschwarzen Porsche.

„Das ist ein Bulle, Robin!", stammelte Mardi entsetzt.

Dann war es still.

32 Wer alles verloren hat, muss alles riskieren

Die Stille lag über dem Labyrinth wie eine dicke, staubige Decke. Sobald man Luft holen wollte, sog man nur Dreck in seine Lungen. Rostigen Dreck, der von den Stahlwänden fiel.

Wir müssen hier raus!, schoss es David durch den Kopf. Er griff nach dem Schaltknüppel, einer schmucklosen, nackten Eisenstange, und riss das Getriebe in den Rückwärtsgang. „Robin, jetzt mach schon! Wir müssen zurück."

Und Robin gehorchte. Er zündete den Motor, der bei der Vollbremsung abgestorben war, und gab sofort Vollgas. Die Räder des Bisons drehten durch. Genauso wie die an Davids Boliden oder die an dem Hot Rod von Mardi Gras. Die Autos setzten sich in Bewegung. Die Motoren machten einen triumphierenden Lärm. Da preschte der zweite Porsche aus der Nische und versperrte ihnen auch diesen Weg.

„Shit! Da ist noch einer!", rief David entsetzt und Robin war sprachlos. Er sah den Fahrer hinter dem Steuer.

„Das ist mein Vater!"

Die Motoren erstarben und wieder war es staubig und still.

„Wo kommen die her?", fragte Venice verzweifelt, die neben Samba auf der Brücke stand. Sie schauten zum Pan, doch der antwortete nicht. Stattdessen stieg Kommissar Habicht aus.

„Das solltet ihr eure Mutter fragen", grinste er hämisch. „Die hat euch nämlich alle verraten."

„Das glaube ich nicht!“, wehrte sich Robin verzweifelt und sah seine Mutter, die hinter Habicht aus dem Porsche ausstieg. Sie war noch immer an den Handgriff gefesselt.

„Na, was hab ich gesagt?!“, fragte Habicht genüsslich. „Sie hat euch alle verraten. Dich, deine Schwestern, deine Freunde, die Burg und den Pan.“

David sah Robin. Er riss sich Helm und Clownsmaske ab und schlug mit den Fäusten gegen das Lenkrad. „Aber warum? Mama, warum? Wieso und warum?“ Etwas anderes konnte er nicht mehr sagen. Tränen strömten ihm übers Gesicht.

„Warum?“, fragte auch Samba. „Jetzt sag schon was, Opa!“
Doch der Pan schwieg.
„Tja. Es ist aus und vorbei!“, seufzte Kommissar Habicht. „Game over, hört ihr?!“
Er sah über die Rennautos zu Robins Vater hinüber. Dessen Gesicht war eiskalt, und Cheetah, die auf der anderen Seite des Porsches noch immer gefesselt hinter der Beifahrertür stand, schien tausend Tode zu sterben. Sie hatte alles verloren. Nein, alle hatten heute alles verloren. Außer Robins Vater und Habicht. Und der genoss seinen Sieg. Darauf hatte er seit seiner Kindheit gewartet. Das war seine Rache dafür, dass er nie erwählt worden war.
„Game over!“, sagte er leise und ließ sich die Worte auf der Zunge zergehen. „Die Burg ist getilgt. Der Pan im Papierkorb. Move him to trash. Ready to restart. Die Welt bekommt jetzt eine neue Ordnung.“
Da hörten sie alle ein ganz leises „Nein!“.
„Nein“, flüsterte Luca.
Sie war in Gedanken noch bei ihrer Mutter. Sie saßen auf dem Drachenrücken im goldenen Licht der nicht untergehen wollenden Sonne.
„Sie brauchen dich, Luca“, sagte ihre Mutter noch einmal. „Denn du kannst Träume wahr werden lassen.“ Sie hob die silberne Drachenkette und Luca sagte leise: „Nein.“
„Nein“, sagte sie und drückte den Knopf ihres Funkgeräts. „Nein, es ist noch nicht aus. Es gibt noch einen Fahrer. Einer von euch ist noch nicht gefangen. Hörst du mich, Kiki? Die sind nur zwei. Doch ihr seid zu viert, und Habicht muss den jagen, der die Münzen hat. Los, komm schon, beeil dich!“

Sie sprach jetzt lauter und alle konnten Luca hören. Sie hörten sie über die Funkgeräte, die auf ihren Helmen steckten, oder aus den schwarzen Porsches. Auch Kiki hätte sie hören können. Doch sie saß zwischen den Trümmern des Holzzauns auf ihrem Boliden und starrte ins Nichts. Es war aus und vorbei. Und sie war voller Hass. Hass auf Robin und seine Mutter. Warum hatte er ihr nicht geglaubt? Sie hatte es ihm doch sofort gesagt: Sie ist eine Lügnerin, hatte sie ihn gewarnt. Und jetzt war Robin genauso schuld. Der Sohn einer Verräterin ist selbst ein Verräter. Verräter! Verräter hallte es durch ihren Kopf und vermischte sich dort mit Lucas Stimme:

„Die sind nur zwei. Doch ihr seid zu viert, und Habicht muss den jagen, der die Münzen hat. Los, komm schon, beeil dich! Du musst ihnen helfen. Du musst dir die Münzen geben lassen."

„Nein. Das wird er nicht tun!", widersprach Kiki gehässig.

„Doch!", konterte Luca. „Er ist unser Freund. Das hat Habicht gesagt. Er hat uns Robins Freunde genannt, und Robin hat es uns geschworen. Er hat es uns in seinem Brief geschrieben."

„Und er hat auch geschworen, dass er uns nicht verlässt!", unterbrach Kiki. Doch sie stand bereits. Das hatte sie selbst gar nicht bemerkt. Sie hatte sich Handschuhe und Helm angezogen und kletterte jetzt in das Cockpit des Wagens. „Ich wette mit dir, dass er nicht mitspielen wird." Sie zündete den Motor, riss den Boliden in einen Drift, ließ ihn sich auf der Stelle drehen und fuhr durchs Loch im Zaun auf die Rennstrecke zurück. Sie konnte nicht anders. Trotz all ihrer Wut auf Robin gab es noch etwas, was sie dazu zwang. Und vielleicht war es das, was Luca ihr sagte: dass Robin und sie noch Freunde waren. Trotz allem Verrat ...

„Was geht da ab?!“, fragte Kommissar Habicht und drehte sich um. Er sah die heranrasende Kiki Lilou.
„Das kann ich dir sagen“, erklärte ihm Luca. Ihm und den anderen, ja, und vor allen Dingen erklärte sie es Kiki und Robin. „Robin, deine Mutter hat keinen verraten. Sie hat alles geplant. Sie will uns was beibringen. Kapierst du das? Und verflixt noch mal, Kiki, hörst du mir zu? Egal, wer wir sind, ob V8 oder Nitro. Wir träumen doch alle denselben Traum. Also, lass ihn uns auch zusammen wahr machen. Robin, gib Kiki deine Münze. Los, wirf sie ihr zu. Und Mardi und David, ihr tut dasselbe!“
Kiki war aus dem Wagen gesprungen und stand neben Habicht. Sie hob schon die Hand, um die Münze zu fangen, doch Robin saß da und rührte sich nicht.
„Na, tu es!“, grinste Habicht böse, und ging auf ihn zu. „Gib ihr deine Münze. Dann hat sie gewonnen. Dann kommt sie in die Burg und du bist der Loser.“ Er stand jetzt vor Robin und hob seine Hand. „Oder du gibst sie mir. Deine Münze. Dann bestrafen wir die, die dich verraten hat, und du kehrst als Sieger zu deinem Vater zurück. Und für Sieger, das weißt du, ist er bereit, alles zu tun.“
Robin sah von Habicht zu seinem Vater, der neben dem Porsche hinter ihm stand und ihn ausdruckslos musterte. Dann nahm er die Münze vom Armaturenbrett.
„Was hab ich gesagt?!“, zischte Kiki enttäuscht. „Er spielt da nicht mit. Er gehört nicht zu uns.“
„Das glaube ich nicht.“ Luca versagte die Stimme. Sie schaute zum Pan und zu Venice und Samba. Die waren genauso sprachlos wie sie.

„Warum machst du das, Robin?“, wollte Luca noch fragen, doch sie bekam den Satz nicht mehr heraus. Die Stille war wieder zurückgekehrt. Die staubige Stille, die alles erstickte, außer dem Grinsen in Habichts Gesicht.

„Na, komm schon, Robin, gib mir die Münze“, verlangte er freundlich, aber bestimmt. Doch Robin schüttelte langsam den Kopf. Langsam und stumm. Dann räusperte er sich den Kloß aus dem Hals. „Nein“, sagte er. „Nein. Luca hat recht. Wir sind immer noch Freunde und unsere Freundschaft ist stärker als Hass.“

Damit warf er die Münze zu Kiki hinüber, und während sie flog, kehrten die Geräusche zurück.

„Und ob sie das ist!“, rief David begeistert und warf seine Münze zu Kiki Lilou. Genauso wie Mardi Gras ihre warf.

„Und jetzt fahr zum Tor und öffne es, Kiki. Dann ist der Weg für uns alle frei!“, befahl Luca, die auf der Brücke tanzte, und Kiki rannte zu ihrem Auto. Sie sprang hinters Steuer und ließ den Motor aufheulen.

„Los, mach, dass du wegkommst!“, riefen David und Robin, und Habicht tat, was er tun sollte. Er sprang in den Porsche, um Kiki zu jagen, und machte die Falle so wieder auf. Der Weg war jetzt frei für Mardi Gras, David und Robin.

33 Der Loserstopp

Kiki gab Gas. Die Hinterreifen drehten auf der Stelle durch und ließen ihren Boliden hinter einer Wolke aus dichtem, grauem Rauch verschwinden. Doch nur anderthalb Sekunden später stieß Habicht durch diese Wolke hindurch. Er jagte den Panamera im Rückwärtsgang in den Slide, riss ihn um eine halbe Drehung herum und schoss dann hinter Kiki durch die große Schikane in den Tunnel, der auf die erste Gerade führte.

„Du kommst hier nicht raus!“, drohte er dem Mädchen dabei über Funk. „Das geb ich dir schriftlich. Du bist eine untalentierte Anfängerin.“

Kiki schoss das Blut in den Kopf, und sie spürte die Angst, die in ihre Hände kroch, in ihre Füße und Brust. Sie dachte an ihre erste Runde, als sie von Mardi Gras gejagt und direkt nach der großen Schikane durch den Holzzaun geschickt worden war. Da hörte sie Luca über sich auf der Brücke:

„Nein! Du bist keine Anfängerin!“, feuerte ihre Freundin sie an. „Du hattest in David den besten Lehrer. Und du hast meine Kette. Mein Drachenherz, Kiki.“

„Ja, die Kette vom Schisser. Dem Schisser von Drachenherz. Die sich als Dachsmann verkleidet hat und Höhenangst hatte und Klaustrophobie. Was soll dir das helfen?!“, lachte Habicht und heftete sich an Kikis Heck.

Die sprang über den Hügel am Ende der ersten Geraden und schoss viel zu schnell in die Kurve dahinter. Ja, viel zu schnell, schoss es ihr durch den Kopf, und dann touchierte sie wieder die Fässer. Wie in der ersten Runde.

„Ich hasse die Dinger!", schimpfte Kiki Lilou, als könnte sie so das schlechte Omen vertreiben. Nein, es würde alles genau so passieren. Sie würde Angst kriegen und es vermasseln. Sie war keine Fahrerin ...

„Ich hab einen Turbo!", hörte sie Habichts hämische Stimme. „Und mit dem zieh ich gleich an dir vorbei. Ich bin vor dir am Tor und dann möchte ich sehen, wie du die Münzen ins Clownschloss steckst.

Er raste hinter ihr aus der Kurve in die zweite Gerade hinein, drückte den Turbo, und setzte sich dabei neben sie.

„Dünn gebürstetes Bodenblech." Kiki fuhr der Schreck vom obersten Halswirbel heißkalt hinab in den Steiß. „Verpiss dich, du mieser Starthilfejunkie." Dann rief sie ihren Freund um Hilfe. „Er überholt mich schon, David! Ich hab keine Chance."

„Doch!", widersprach Robin. „Die hast du. Vertrau mir. Siehst du den Hebel? Er hängt über der Straße."

Kiki entdeckte den Notbremsengriff. Sie las die Bezeichnung Loserstopp.

„Den musst du ziehen!", befahl Robin bestimmt. „Und dann fahr nach links. Links neben den Säulen. Die teilen die Strecke."

Kiki gehorchte. Sie riss den schweren Hebel vom Draht und zwang den Wagen in einem halsbrecherischen Manöver, bei dem er sich fast auf zwei Räder stellte, nach links. Dort scherte sie in den Tunnel ein, der parallel zur Strecke mit Habicht verlief. Sie sah den Kommissar durch die Säulen hindurch. Er fuhr mit ihr auf gleicher Höhe. Er grinste sie an. Er deutete mit dem Kopf nach vorn, und als Kiki dorthin schaute, sah sie die Wand. Die Wand, die den Tunnel abrupt beendete.

„Da vorn ist Beton!“, schrie sie erschrocken auf und Habicht höhnte über Funk.

„Von dem ich dich gleich kratzen werde!“

„Das da ist Beton und kein Holzzaun, Robin!“, rief Kiki entsetzt.

„Da kann man nicht durchfahren!“

„Das musst du auch nicht! Du musst mir vertrauen!“, versuchte er alles, um sie zu beruhigen.

„Dann mach sie weg, Robin“, rief Kiki in Panik. Die Wand schoss nämlich auf sie zu. „Mach, dass sie weggeht oder ich werde bremsen!“

„Nein!“, befahl Robin. „Bleib auf dem Gas. Sonst ist Habicht vor dir am Tor. Du musst mir vertrauen und kurz vor der Wand scherst du wieder nach rechts. Du fährst auf die Hauptstrecke!“

„Aber da ist doch Habicht. Er versperrt mir den Weg!“

„Nein, das wird er nicht. Das verspreche ich dir!“

Dann ging alles ganz schnell. Die Betonwand schoss auf Kiki zu. Fünfzehn, nein zehn, acht Meter. Bahm! Kiki sah schon, wie ihr Auto zerplatzte.

„Nein!“, schrie sie, „Nein! Ich vertraue dir, aber wenn das hier schiefgeht, dann ...“

Da stieg Habicht in die Bremsen. Vor ihm schnellte ein Schild auf die Straße. Von oben herab und so breit wie die Fahrbahn. *Stopp* stand auf dem Prellbock. Habicht stemmte sich ins Lenkrad, und als der Panamera endlich stand, klappten die

Buchstaben vor ihm um: *Loser* las er. Dann hörte er das Reißen von Ketten. Er schaute durchs Panoramadach nach oben und sah, wie die Stahlwanne über ihm kippte. Eine Wanne, so groß wie ein Lkw-Container, schüttete flüssigen Teer über ihn. Dann fuhren Kanonen aus den Wänden, detonierten rechts und links und hüllten Habicht und sein Auto in eine Wolke aus weißen Federn.

„Oh, ich liebe dich, Robin!“, rief Kiki erleichtert. Sie wich vor der Betonwand auf die jetzt wieder freie Hauptstrecke aus und wollte nicht glauben, dass sie noch lebte. Doch sie fühlte sich leicht. So leicht, wie man sich nur fühlen kann, wenn man absolut glücklich ist. Glücklich und stolz, weil man sich getraut hat, über sich hinauszuwachsen. „Ja, ich liebe euch alle!“, rief Kiki begeistert, und so fuhr sie mit den Münzen zum Tor, um es endlich zu öffnen.

34 Burg oder Bobbycar

Kiki fuhr, nein, sie schwebte zum Tor und in ihrem Kopf hörte sie die Stimme des Pans:
„Fahrt das Rennen zu Ende, und ich halte mein Wort: Das Team, das es schafft, aus dem Labyrinth zu entkommen und als Erstes durchs Tor fährt, kommt in die Burg."
Sie war überglücklich. Sie hielt vor dem Tor. Sie sprang aus dem Wagen und lief zu dem Clownsgesicht, das als Relief den Torflügel schmückte. Die Augen des Clowns waren zwei tiefe Löcher, in die sie die Münzen einsetzen musste. Sie waren der Schlüssel, die das Tor öffnen würden ...
Sie hob schon die Münzen. Sie wollte sie schon in die Augen stecken, da hielt sie mitten in der Bewegung inne. Sie hörte die Autos hinter sich. Sie drehte sich um. Dort hielten Robin, David und Mardi Gras, und Kiki konnte plötzlich nicht mehr anders. Es kam aus ihr raus, ganz tief aus dem Herzen.
„Hier!", sagte sie und fixierte Robin dabei. „Die gehören euch." Sie hielt ihm die Hand mit den Münzen hin. „Ohne Habicht hättet ihr das Rennen gewonnen."
Oh, jetzt war es still. Überall war es still. Denn selbst auf der Brücke hatte man Kiki gehört. Das Funkgerät in ihrem Helm übertrug ihre Stimme in jeden Winkel des Labyrinths. Der Pan hatte den Funk auf die Lautsprecheranlage geleitet.

„Na, komm schon“, sagte David und gab Kiki recht. Auch wenn es ihm schwerfiel. Schwerer als ihm jemals etwas gefallen war. „Öffnet das Tor und fahrt als Erste hindurch.“

„Und ihr?“, fragte Robin, „Setzt ihr euch dann auf die Bobbycars?“

„Mit Schnullern und Windeln?“ Mardi Gras grinste. Sie schaute zu Robin. Der sprang aus dem Auto, tänzelte zu Kiki Lilou, nahm zwei der drei Münzen und ging dann zum Tor. Er hob die Hände mit den Münzen zu den Augen des Clowns.

„Halt!“, sagte er plötzlich und drehte sich um. „Einen Moment. Ich muss dir was sagen. Hey, hörst du mich, Pan?! Ich rede mit dir, und ich denk nicht daran, das zu tun, was du sagst. Ich pfeife auf deine Superbelohnung. Keiner von uns will allein in die Burg. Wir gehen höchstens alle zusammen.“

Er sah das Strahlen in den Gesichtern der Freunde, gab Kiki eine der beiden Münzen und öffnete das Tor mit ihr zusammen. Dann rannten sie zu ihren Autos, und während Venice und Samba den Pan und Tinkabell umarmten, während Luca vor Freude auf der Brücke tanzte, rasten alle vier durchs Tor.

NITRO

35 Ihr seid nicht alle entkommen

Danach feierten alle zusammen auf dem Rücken des Drachens. Ja, alle zusammen, denn Angelina und Angelo hatten Frodo und Sam aus dem Gefängnis befreit. Sie hatten das Gitterfenster aus der Wand gerissen, und jetzt servierten die beiden ihre berühmte PS-Brause zu Andalees noch berühmteren Bohnen mit Speck. Und das schmeckte an so einem Tag noch besser als heißer Kakao mit Mini-Marshmallows. Der Pan hielt sein Wort. Er und Tinkabell schenkten den Kindern das geheime Tattoo. Das Zeichen der Burg, das nur der auf der Innenseite seines Handgelenks tragen durfte, der in die Rennfahrerschule aufgenommen worden war. Riesige Ballons stiegen in den Himmel empor. Einen Himmel, der so hoch und so blau war wie kein Himmel zuvor in Robins bisherigem zwölfjährigen Leben. Und er stellte sich vor, wie diese Ballons hinter dem Blau zu Sternen wurden. Zu Sternen und Träumen, die sie wahr machen könnten. Und mit sie meinte er sich, Robin, seine Schwestern, die Nitros, ja, und seine alten und neuen Freunde aus dem Rennteam V8.

Da vibrierten die Teller auf dem Tisch. Ein dunkles Grollen ertönte, und während der Panamera den Hügel erklomm, sperrten Habichts Männer, Kojak, Grunz und Calahan, alle anderen Fluchtwege ab.
Sie hatten sich heimlich auf den Hügel geschlichen.
Robin erstarrte. Er sah die Luftballons im Himmel zerplatzten. Sie

DIE BURG

zerplatzten wie Träume, wie Sterne, die erloschen. Dann stieg sein Vater aus dem Porsche aus.

„Es tut mir leid", sagte er mit gewohnt kalter Stimme. „Aber ihr seid nicht alle entkommen. Ich hab eine Geisel, die ich gern einlösen würde. Doch das kostet euch etwas."

Er schaute zur Beifahrertür, aus der Cheetah jetzt ausstieg.

„Mama!", rief Robin und sprang sofort auf. Er schaute in die entsetzten Gesichter der Freunde und nickte dann traurig.

„Ich glaube, er will mich."

Er ging langsam los. Füße wie Blei. Er schob die Hände von Venice und Samba zur Seite, die ihn wie Mardi Gras festhalten wollte.

„Nein, bitte, geh nicht!"

„Robin!"

„Du bist unser Bruder!"

Doch Robin ging weiter. Er ging die 12 Meter wie 12 lange Meilen. Dann blieb er vor seinem Vater stehen.

„Du hast gewonnen. Ich gehöre jetzt dir!", sagte er leise, und spürte, wie er sich mit diesem Satz das Herz aus der Brust zu reißen drohte.

„Ich komme mit dir, wenn Mama hierbleibt."

Und Robins Vater nickte langsam.

„Das klingt sehr verlockend", sagte er und musterte Robin. Danach schweifte sein Blick von den Nitromädchen zu den drei Eltern, zu Andalee, Angelo und Angelina. Er sah Frodo und Sam, Tinkabell und den Pan. Er sah jedem von ihnen ganz lange in die Augen.

„Das klingt sehr verlockend", sagte er leise und zeigte dabei ein zaghaftes Lächeln. „Doch ich dachte an einen anderen Preis." Er holte tief Luft. „Robin, wenn du willst, dass ich deine Mutter freilasse“, sagte er langsam und plötzlich ganz weich, „dann musst du mir erlauben, dass ich euch gratuliere. Dass ich dir gratuliere, Robin, mein Sohn.“ Er zog Cheetahs Handschellenschlüssel aus der Tasche und reichte ihn Robin.

Der schnappte nach Luft. Der konnte sein Glück gar nicht richtig begreifen. Er hörte, wie seine Schwestern vor Freude jauchzten, und dann liefen sie auch schon an ihm vorbei. Robin schloss seiner Mutter die Handschellen auf und umarmte den Vater. Ja, er umarmte Vater und Mutter gleichzeitig und das zusammen mit seinen Schwestern. Er wollte sie nicht mehr loslassen, nein, zumindest nicht heute, in dieser Nacht.

Denn am Morgen nach dem schönsten Fest seines Lebens fuhr Robin V. Acht mit seinen Freunden, dem Pan und Tinkabell in die Burg. Dem Hogwarts für Rennfahrer. Der berühmtesten Rennfahrerschule der Welt, von der niemand, der da war, je erzählen durfte.

Komm, wenn du dich traust!

Joachim Masannek
V8 - KOMM, WENN
DU DICH TRAUST!
Band 1
144 Seiten
mit zahlreichen
Abbildungen
ISBN 978-3-8339-0239-0

David ist besessen von seinem Traum: Er will Rennfahrer werden. Doch dafür braucht man viel Geld oder die richtigen Freunde. David hat keins von beidem. Er hat nur eine peinliche kleine Schwester. Luca, die ihn immer wieder bis auf die Knochen blamiert. Aber als David Luca das Leben rettet, wird er auf magische Weise belohnt. Er erhält die Einladung aus der *Burg*, der geheimen Rennfahrerschule für Kinder, aus der alle Weltmeister kommen. Doch der Weg dorthin ist schwer: David muss in die Höhle des Löwen, wo die *Barakudas* regieren, und er muss vier Kinder zu Freunden machen, die sich nicht ausstehen können.

Eine Buchreihe über den größten Rennzirkus der Welt.

Baumhaus

Sei gut! So gut, wie du kannst!

Joachim Masannek
V8 - DU WILLST
DER BESTE SEIN!
Band 2
176 Seiten
mit zahlreichen
Abbildungen
ISBN 978-3-8339-0240-6

Den *Barakudas* fehlt nur noch eine Münze, ein Sieg, um in die Burg zu gelangen. Doch sie haben das erste Rennen gegen die V8ler verloren. Deshalb geht Hell GTI zum Pan und fordert das Ausnahmerecht, das ihm in diesem Fall zusteht: Im nächsten Rennen geht es nicht mehr darum, welcher Rennstall gewinnt, sondern die beiden besten Fahrer stellen sich eine neue Mannschaft zusammen. Doch wer wird das sein? Misstrauen und Verrat siegen über Vertrauen und Freundschaft und gleichzeitig wird das Rennen für alle zur Falle ...

Eine Buchreihe über den größten Rennzirkus der Welt.

Baumhaus

Der größte Rennzirkus der Welt

Joachim Masannek
V8 - ZEIG, WER DU BIST!
Band 3
160 Seiten
mit zahlreichen Abbildungen
ISBN 978-3-8339-0241-3

Die Burg ist in großer Gefahr. Robins Vater wird Bürgermeister und setzt Kommissar Habicht als Chef einer Sondereinheit ein, die die geheimen Rennen der Kinder für immer beenden soll. Frodo, der Döner-Diner-Mann, und Sam, der Kartbahnbesitzer, werden verhaftet, die anderen Erwachsenen und Kinder entkommen und tauchen unter. Robin, David, Luca und Kiki Lilou verschlägt es auf den Rücken des Drachen, hinter den Grauen Wald, wo sie mit ihren Eltern in der Wildnis campieren. Der Pan, der Gründer der Burg, verbietet ab sofort alle Rennen. Doch wie lange halten es die vier Kinder aus, ohne ihren Traum zu leben?

DER
Nitrohalle
NITRO
FREAKS
Zur Burg